如何说别人才会听
怎么听别人才肯说

张利娜◎著

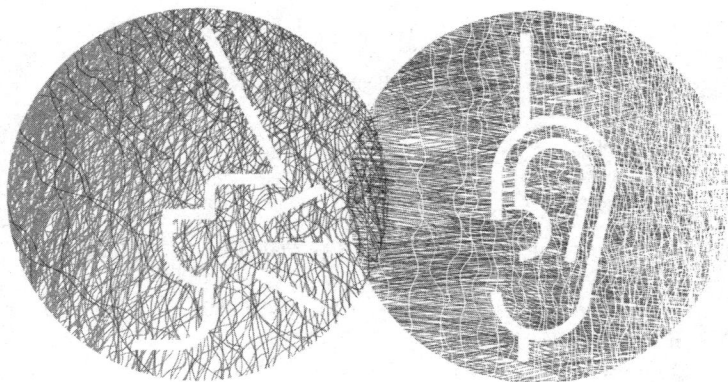

煤炭工业出版社
·北 京·

图书在版编目（CIP）数据

如何说别人才会听 怎么听别人才肯说/张利娜著 .
－－北京：煤炭工业出版社，2018
ISBN 978－7－5020－6490－7

Ⅰ.①如… Ⅱ.①张… Ⅲ.①心理交往—语言艺
术—通俗读物 Ⅳ.①C912.13－49

中国版本图书馆 CIP 数据核字（2018）第 027187 号

如何说别人才会听 怎么听别人才肯说

著　　者	张利娜
责任编辑	刘少辉
封面设计	胡椒书衣

出版发行　煤炭工业出版社（北京市朝阳区芍药居 35 号　100029）
电　　话　010－84657898（总编室）
　　　　　010－64018321（发行部）　010－84657880（读者服务部）
电子信箱　cciph612@126.com
网　　址　www.cciph.com.cn
印　　刷　北京亚通印刷有限责任公司
经　　销　全国新华书店

开　　本　710mm×1000mm$^1/_{16}$　印张　14　字数　210 千字
版　　次　2018 年 4 月第 1 版　2018 年 4 月第 1 次印刷
社内编号　20180002　　　　　　定价　42.00 元

前　言

　　说话，是我们每个人每天乃至处处、事事都离不开的，因此看上去似乎是一件稀松平常的"小事"，但是，正因为我们时时处处都离不开，因此它每天乃至处处、事事都在决定着我们的做事效果、人际关系，所谓润物细无声。留心观察一下我们便会发现，生活中那些人缘好、做事成功的人，虽然不是全部，但大部分往往都有非常好的口才。可以说，谁掌握了会说话这个看似"常规"的武器，谁便站在了做人做事的制高点。因此，有意识地提高我们的说话水平，是一件很有必要的大事。

　　但是，想要会说话，却并不容易，有许多技巧乃至知识需要掌握。孔子在《论语·季氏》里说："言未及之而言谓之躁，言及之而不言谓之隐，不见颜色而言谓之瞽。"这句话有三层意思：一是不该说话的时候说了，叫做急躁；二是应该说话的时候却不说，叫做隐瞒；三是不看对方的脸色变化，贸然信口开河，叫做闭着眼睛瞎说。你看，说话可不是嘴一张这么简单，不仅是一门技术，而且还是一门艺术。

　　首先，说还是不说，这就需要拿捏。要看场合，要看对象，要看自己的角色，不该说的时候说了，说得再好，恐怕也惹人嫌。

　　其次，怎么说才能达到你想要的效果，更是需要掌握技巧。这就要看你的目的、角色以及当时的场景、对象，需要随机应变，随时调整。比如说在开会场合，因为是公共场合，你说话的关键就是简洁有条理，这样才能让别人高效地理解你传达的信息。这时如果你长篇大论，滔滔不绝，恐怕只会说得热闹，听者却一头雾水，什么也记不住，尤其如果被领导不耐烦地打断了，那就难堪了。再比如说，作为领导指出下属的缺点，其关键是先要肯定下属的优点。而当你想要恭维一个人时，其关键则是要把握好对方自鸣得意之处，挠到痒处，同时把握好分寸。可以说，不同的场景下，都有一个对应的关键之处需要把握。

另外，说话时的语气、节奏、措辞、分寸、禁忌……都是需要掌握的知识，本书也都为你一一讲出。

最后，要想有效地与人沟通，不仅要会说，更要会听。有时候，表现得恰如其分的倾听，比滔滔不绝地旁征博引，更能得到你想要的效果。有个恋爱达人曾经说过，一个女孩子开始对你有所接受的表现，便是开始对你倾诉，这时候，你只要耐心地倾听，等她倾诉得差不多了，你们的关系也就水到渠成了。许多时候，我们与客户沟通何尝不是如此。因此，倾听也是一门艺术。只有掌握了听的技巧，你才能真正了解对方的想法，才能在信息上处于主动地位，从而做到进退自如。

总之，本书从说与听两个角度为你讲述沟通的技巧。相信通过本书，你一定能提升自己的沟通能力，进而在不知不觉中感到你的人缘突然变好了，你的工作更流畅了，你的客户越来越乐意与你合作了。

作 者

2017.12

目 录
CONTENTS

Part3 说话表达有技巧

Part7 不懂拒绝，口才再好也白搭

Part8 天下没有陌生人

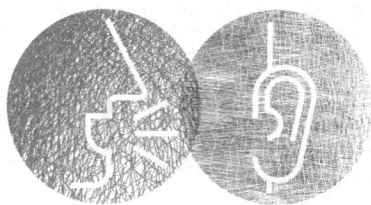

Part1 说话有分寸，是一门技术活

好话分寸：赞美奉承要有度

赞美、恭维的话人人都爱听，但"真理向前跨越一步就是谬误"，适度的恭维，会使人心情舒畅；反之，则使人十分尴尬。为了使赞美和恭维达到应有的而不是相反的效果，合理把握赞美的"度"就是一门技术活。

我们可能都有过这样的体验。当你夸奖朋友取得的成绩时，他会说："你不知道我付出了多少心血！"言语间仿佛有你不知其艰辛、看结果不看过程的意思。相反，假如你说："真不错，一定花了你许多的心血吧！"他就会觉得心里舒服，认为你很了解他。可见，夸奖劳动的付出比直接夸奖成绩效果更佳。

其实，很多人做事并不仅仅在乎结果，更注重过程。如果你人云亦云地夸奖他取得的成果，不但有势利之嫌，还会让人这样想："如果我失败了呢？"因而也许对你心生厌恶也未可知。很多名人讨厌记者的采访，也许有此同感。

赞美的效果在于因时因人、见机行事、适可而止，真正做到"美酒饮到微醉后，好花看到半开时"。作为丈夫，当你下班后走进家门，看见娇妻已经为你备好晚餐，你只要深情地望她一眼，说一句"看到桌上的菜我就饿了"，她一定会心花怒放的。倘若你酒足饭饱之后才说一句"你今天回来得真早"，这样的效果已经是雨后送伞，她还能感受到你当时就有的那份赞许吗？

另外，恭维男性和女性的赞美词一定要有所区分。倘若你对一个男人说：你长得真漂亮！相信没有几个男人会容忍这样的"侮辱"，你的言下之意就像是在说他缺少男子汉气概一样。

所以无论是赞美、恭维还是拍马屁，过分地或不分对象、时机地出言，很容易造成"不逊"的效果。

（1）赞美和恭维一定要在适合的时机说，要看清对象是一个什么样的人，如果对方是不苟言笑的人，那么就要注意自己的措辞。

（2）赞美和恭维的频率要适中。这里的频率是指相对时期内对一个对象赞扬的次数。次数太少，起不到应有的作用；次数太多，也会削弱应有的效果。而赞扬的频率是否适中，是以受赞扬者优良行为的进展程度为尺度的。如果被赞扬者的优良行为同赞扬的频率成正比，则说明恭维的频率是适度的；如果呈现反比的现象，则说明恭维的频率过高，已经到了"滥施"的程度。

（3）要有前瞻性和预见性。有些东西具有相对稳定性，比如人的容貌、性格、习惯等，这方面比较容易称赞。而有些东西则不稳定，如人的行为、成绩、思想、态度等，若从长远考虑，赞美时要谨慎。

（4）恭维的角度要新，但绝对不能怪，否则就成了拍马不及，又或是"拍马屁拍到了马腿上"。

（5）要根据所恭维对象的性别、年龄、性格、职业、教育背景、工作环境、生活环境等因素来与之谈话或奉上赞美。

（6）永远不要忘记，无论是赞美，还是恭维，你的前提一定以真诚为基础，要知道，虚伪的话最容易被人识破。

时间分寸：说话要把握时机

孔子在《论语·季氏》里说："言未及之而言谓之躁，言及之而不言谓之隐，不见颜色而言谓之瞽。"这句话的意思是：不该说话的时候说了，叫做急躁；应该说话的时候却不说，叫做隐瞒；不看对方的脸色变化，贸然信口开河，叫做闭着眼睛瞎说。

这三种毛病都是没有把握说话的时机，没有注意说话的策略和技巧。说话是双方的交流，不是一个人的单方面行为，它要受到各方面条件的制约，如说话对象、周边环境、说话时间，等等，所以说话要把握时机。如果该说的时候不说，时境转瞬即逝，便失去了有效沟通的机会。同样，如不顾说话对象的心态，不注意周边的环境气氛，不到说话的时候却抢着说，很可能引起对方的误解。如果信口开河，乱说一通，后果就更加严重。所以，说话时掌握好时机是非常重要的。

没有掌握最恰当的时机说话，不论说的内容有多么精彩，也唯以使对方接受你的意思。这就尤如一个有着强健的体魄、良好的技艺的棒球运动员，没有掌握好击球的时机，结果挥棒都只是落空。

某学校为两位退休老教师举行欢送会。会上，领导非常得体地赞扬了两位的工作和为人。但是，两相比较之下，其中那位多次获得过"先进"的老教师得到了更多的美誉。这让另外那位老教师感到相当难过，所以在他讲完感谢的话以后，又接着说："说到先进，我这辈子最遗憾的是，我到现在为止一次都没有得过……"这时，一位平日里与他不合的青年教师突然开口说："不，不是你不配当先进，是因为我们不好，我们没有提你的名。"

一时间，原本会场上温馨感动的气氛被尴尬所取代。领导看气氛不对，马上接过话说："其实，先进只是一个名义罢了，得没得过先进并不重要，没有评过先进，并不代表你不够先进，我们最重要的还是要看事实……"这位领导本来是想要缓和一下气氛，结果反而越描越黑。

其实，会场的气氛之所以会如此尴尬，最主要的还是退休老教师、青年教师以及领导他们三人没有掌握好说话的时机。首先是那位退休老教师，就算自己心里面有多么遗憾，也不应该在欢送会这样的场合上讲出来。而那位青年教师，也不应该在这样的场合为图一时之快，说那些刻薄的话。最后，那位领导在场上出现尴尬的时候，应该极力避开那个敏感话题，而不是继续在这个话题上唠叨不休。

所以，我们要在不同的时间、地点、人物面前说合适的话，该说话时才说话，而且要说得体的话。只要我们有充分的耐心，积极进行准备，等待条件成熟，顺理成章地表达自己的观点，不仅能赢得对方的开心，又能令自己舒心。以下五点可以让我们从容寻找到说话的恰当时机。

第一，要看准时机再说话，要有耐心，积极准备，时机到了，才能把该说的话说出来。

第二，沉默是金，并不是说要一味沉默不语，该说话的时候就不要故作深沉。比如，领导遇到尴尬情况了，就需要你站出来为领导打圆场；同事有矛盾了，需要你开口化干戈为玉帛。

第三，别人在说话的时候，不要随意插嘴打断人家的话。

第四，看准时机，说不同的话。这些话都要与当时的场合、时间、人物相吻合。

第五，该说话的时候要说话，因为有时候机会转瞬即逝，错过这个说话的时机，也许以后就不会再有机会了。

插嘴分寸：插嘴要有艺术性

在别人说话时，我们不能只听到一半或只听一句就装出自己明白的样子。我们提倡在听别人说话时，要不时做出反应，如附和几句"是的"等话语，这样既让说者知道你在听他说，又让他感觉你在尊重他，使他对你产生浓厚的兴趣。

但是随便打断别人说话或中途插话，不仅是有失礼貌的行为，而且往往在不经意之间就破坏了自己的人际关系。当别人正在说一件事的时候，不要随便插嘴或是打断，这样对人既不尊重，又很容易弄错别人的意思，给自己造成损失。

老张在镇上盖了一栋三层的楼房，该房子的第三层刚封顶时，几个朋友在他家吃饭。席间，突然来了一位专门安装铝合金门窗的个体户，与老张一见面就递了张名片。其实这位个体户的店铺门面也在本镇，虽和老张平时见过几次面，但因没有业务往来，他们互不认识。后经与那个体户交谈，他们彼此觉得非常合得来。

轮到老张做决定是否将铝合金门窗的业务让这位个体户做时，老张说："虽然我们以前不认识，但通过我们刚才的一席话，得知你对铝合金门窗安装的经验丰富，假如我房子的门窗让你来安装，我相信你能安装，也相信你能做得很好。但是在你今天来之前，我们厂里一名下岗钳工已向我提起过，说他下岗了，门窗安装之事让他来做……"老张的话还未说完，那个体户便插话了："你是说那东跑西走的小李吧？他最近是给几家安装了门窗，但他那'小米加步枪'式的做法怎能与我比？"

哎！这话不说还好，一说便让老张顿时改变了主意，接着说："不错，他尽管是手工作业，没有你那先进的设备，但他目前已下岗在家，资金不够丰厚，只能这样慢慢完善，出于同事之间的交情，我不能不让他做！"

就这样，那个体户只得怏怏离开了。

之后，老张对我们说："那个体户没听懂我的意思，把我的话给打断了。本来，我是暗示他，做铝合金门窗的人很多，不止他一个上门来请求安装。我已打听到他做门窗已多年，安装熟练，且很美观，但他的报价很高，我只是想杀杀他的价格，可他的一番言说甚至攻击了我同事小李的人品，我宁愿找别人，也不要让他来安装我的门窗。"

一个精明而有教养的人与人交谈，知道何时开口效果最佳。不该插嘴的时候，即使对方长篇大论地说个不休，也绝不会插嘴。他人在谈话时，如果你想要加入，要尽可能找个适当机会，礼貌地说："对不起，我可以加入你们吗？"或者大方地、客气地打招呼，叫你的朋友介绍一下，就能很自然融入这个氛围。千万不要随意打断他们的话题，以免出现尴尬的气氛。

如果只是要跟其中一人讲一两句话，例如，有事情急着要问他，可以跟他们说："对不起，我插一下话……"但此时说话一定要简短，而且插完话后要说："对不起，请继续。"

如果真的没听懂，或听漏了一两句，也千万别在对方说话途中突然提出问题，可以等到他把话说完，再提出："很抱歉！刚才中间有一两句你说的是……吗？"

不要随意打断长辈们说话，可以等他们讲完再发表自己的意见。

轻重分寸：说话注意轻重感

事情有缓急，说话有轻重。有些人在日常交际中，缺乏理智，不考虑后果，说话没轻没重，以致说了一些既伤害他人也不利于自己的话。其实，把话说得有轻有重，并非人们想象中的那么难。只要将心比心，站在对方角度想一想，就知道我们所说的话有多少分量。

说话须注意轻重，通常出现在规劝或批评对方的情况中，所以掌握好轻重的比例，是非常重要的。人们都知道"人非圣贤，孰能无过"。所以，当我们发现对方行为有所缺失时，不必说得太露骨，稍微暗示一下，或者旁敲侧击地提醒，对方通常能够明白你的意思，还会对你的善意规劝表示好感。

那些熟谙暗示手段提醒别人的人，通常能将自己善意的评价和论断很好地传达给对方，其结果通常使评价方和被评价方获得双赢。虽然人人皆知直言不讳是耿直的表现，但是物极必反，有时候态度越是强硬，越是达不到你想要的效果。最为高明的手段是根本不提"批评"二字，而是逐步"敲醒"听者，启发他自我反省。

奉劝别人的话不可随口说出来，我们必须思考应该以什么样的方式把它说出来而不会让对方难堪。对于那些有自知之明的人，最好采用暗示的方式，因为这样做就可以达到劝说的目的了，无须再把话挑明，避免多加一层伤害。可总结为以下四点。

第一，以给人留面子为前提，侧面提醒，点到即止。

第二，一旦与人争论发生冲突时，一定不要把话说绝。特别是朋友之间的冲突，也许你的一句"断交"，就此便失去了人生最好的朋友。在一些公共场合说出重话，会激起对方的暴躁心理，一旦对方忍无可忍出言回骂或动手伤人，对自己将非常不利。

第三，对任何事情进行判断时，都要多听多看多思考，切忌武断做出肯定或否定，然后随意地附和某一方。要对你的所听所见所感进行综合衡量，这样你说出的话才有分量。

第四，不要不负责任地随意肯定或否定他人的做法。

态度分寸：调解纠纷的技巧

当别人发生矛盾争论的时候，如果自己不慎夹在了中间，那种滋味既尴尬又难受。作为一场争论的局外人，如何打圆场，将争论几方的干戈化为玉帛，是一件非常不易做的事情。我们所说的"打圆场"和调解纠纷，近似于捧场，同是圆滑乖巧之为，但它不像捧场那般肉麻，而且有化解矛盾、平息事端的功效，比捧场高上一筹。"打圆场"运用得好，可以融洽气氛，联络感情，消除误会，缓和矛盾，平息事端。如果没有调节好，打圆场不成，激化争论者的矛盾，反而会惹祸上身。所以我们在充当"和事老"的时候，一定要注意公平公正的原则。

公平、公正就是指让自己站在不偏不倚的角度，肯定双方的观点，再晓以利害，调和争论双方彼此的利益。如果偏帮某一方，只会火上浇油，还不如一开始就不去调节。

清末的陈树屏口才极好，善解纷争。他在江夏当知县时，张之洞在湖北任督抚，谭继询任抚军，张谭两人素来不和。一天，陈树屏宴请张之洞、谭继询等人。当座中谈到长江江面宽窄时，谭继询说江面宽是五里三分，张之洞却说江面宽是七里三分。双方争得面红耳赤，本来轻松的宴会一下子变得异常尴尬。

陈树屏知道两位上司是借题发挥，故意争闹。为了缓和宴会气氛，更不得罪两位上司，他说："江面水涨就宽到七里三分，而落潮时便是五里三分。所以两位大人说得都对。"

陈树屏巧妙地将江宽分解为两种情况，一宽一窄，让张谭两人的观点在各自情况下都显得正确。他们两人听了下属这么高明的圆场话，也不好意思再争下去了。

有时候，争执双方的观点明显不一致，这时就不能"和稀泥"。如果你能把双方的分歧点分解为事物的两个方面，让分歧在各自的方面都显得正确，这必定是一个上乘的办法。

同样，在调解纠纷时，不需要对矛盾的双方进行批评指责，相反，分别赞美争执的双方，肯定他们各自的价值，给予其充分的尊重，使他们感到再争执下去只会损害自己的形象，这样双方就会自觉放弃争吵。

总之，顾及纠纷双方的心态及立场，尊重他们的自尊，给足其面子，是成为打圆场高手的必备武器，也是让他人交出信任的不可或缺之要素，更是相当重要的为人之道。一个人如果能掌握以下几点要求，就能顺利地解决发生在自己周围的争议，得到他人的尊重和信服。

其一，在调解纠纷时，要使自己的意见易于被接受调解的对象所认可，可采取"赞同法"，即强调谈话双方在某一方面的一致性，如强调纠纷者共同愿景等。

其二，言辞恳切，合理合情。让被调节双方处于和平解决事情的氛围当中，减少"兵戎相见"的争端。调节语言要适当调换，既合理又合"情"，不可生搬硬套，必须根据调解对象的不同心理特点来选用不同的调解语言。

其三，忠言不逆。调解者要抓住调解对象自尊、爱面子的心理，从维护双方名誉出发，晓之以理，动之以情，公正地说出现实，又不失逻辑的分析，使忠言的表达深刻得体。

其四，在调纠纷时，如果双方争论不休，各执己见，那么充当和事老的人应立刻意识到该岔开话题，转移双方注意力。

其五，忌急于求成。人们常说，善弈棋者，每每举一而反三。做别人的思想工作也好比下棋，也要珍视这"三步棋"的做法，要耐心细致，再三斟酌地说教。

其六，忌官腔官调，以普通人的姿态出现在人们面前，不要以高高在上、唯我独尊、主观武断的官僚作风和指手画脚、发号施令的作风来做和事老，没有人愿意听这种人对自己说教。

其七，忌空洞说教。思想观点要明确，语言要朴实新颖，口气要委婉动听。

幽默分寸：幽默要恰到好处

言语幽默的人处处受人欢迎，言语幽默的人更容易获取成功的机会。英国著名戏剧家莎士比亚说过："幽默和风趣是智慧的闪现。"法国作家雷格威更断言："幽默是比握手更进步的一大文明。"幽默是人与人交际时的润滑剂，有了它的推波助澜，我们可以在人际交往中游刃有余。不过，恰当的幽默会助人成功，但不当的幽默也会让自己陷入窘境。事实上，幽默是有很多禁忌的。

首先，忌目的不明确，尺度不适当。打个比方来说，这恰如用杠杆原理去撬一块石头，目的是搬石头，所以弄清杠杆的支点在哪里则是关键。幽默的目的有大有小、有远有近，幽默的尺度，则是幽默的支点。找到这一支点，能缓解气氛；掌握不好，将成为社交场合的破坏性炸弹。

通常人们所运用的都是嘲讽假的丑的，颂扬真善美的道德尺度。即对幽默题材对象运用正确的道德评价，不用愚昧去嘲笑科学，不用错误的标准去攻击正确的事物。

其次，忌拿庄严的事物当做幽默的对象。比如说，一个民族、国家、社会制度和人生的信仰等。

开玩笑、玩幽默，同样应注意礼貌的问题，污秽、粗俗之物不可拿来制造幽默。避开这些题材，并非特殊要求，而是一般社交中应注意的礼仪常识。例如一些以性题材为幽默的段子，在熟悉的人群中可以开，公共场合却要谨而慎之。

再者，面对不如自己的人少调侃，少拿别人的疮疤做娱乐话题。

另外，幽默时不可在伦理辈分上占便宜。一些趣味低级的人往往喜欢找空隙给身边的同事当一会儿"父亲"或是"爷爷"辈之类的，这样也会闹得彼此都不开心。

综上而言，幽默不可不注意对象的地位和一些背景。掌握了幽默中的禁忌，才能让人喜爱、处处受欢迎，人际关系才能融洽、和谐。我们可以从下面四点来强化掌握这一分寸的技巧。

第一，巧用停顿，"滚雪球"幽默最容易让人接受。例如，在会上发言，某领导说："今天，我要讲很长的话——"全体与会者发出叹息。他接着说："大家是不欢迎的！"听众释然，鼓掌。"但是，有些话必须要说——"全体"熄火"。领导继续道："不过，我会争取在十分钟之内说完。"大家这才松了一口气。这种淡淡的幽默有利于缓解开会气氛，还容易调动听众聆听情绪。

第二，有些不能说的话，用幽默来委婉劝说比较合适。

第三，冷笑话不是所有人都能正确解读的，所以尽量少在人前用冷笑话。

第四，遇到不能拿别人开玩笑的时候，拿自己开玩笑不失为一个缓解气氛的方式。

迂回分寸：避免语言的冲突

语言上的冲突的表现形式是多种多样的，比如说反问、责问、嘲笑、谩骂等，有时候还会表现在一些体态语中，比如说皱眉头、不屑一顾等。

但是人际交往中的语言冲突是十分有害的。它很容易造成一些尴尬的局面，甚至产生不可预想的结果，这对交往是十分不利的。所以，在与人交谈的过程中，应极力避免冲突。首先就要提升自身的修养，对于别人无意间的语言冲撞也要表现出应有的大度，让自己占据主动优势。即使是别人有意冲撞，你对之进行反驳时，也要严守一个"度"，把握住应有的分寸，否则就会造成不必要的损失。

如果双方冲突的局面已经形成，你不妨采用下列的办法一试。

1. 暂时回避

当你在演讲中，或与人接触时受了一些气时，最好是先让自己冷静，用一些方法来解除你的烦恼，直到恢复你的心情为止。

2. 一笑了之

对待那些生活中无伤大雅、争论起来也无甚意义的冲撞，不妨诙谐对待，一笑了之。

3. 先声夺人

在你洞明对方故意耍弄手腕，欲寻衅冲撞时，就可抓住要害，先发制人，开门见山，旗帜鲜明地亮出自己的观点。这不啻给对方以"当头棒喝"，给他一个下马威，制伏对方，从而避免冲撞。

特别值得提醒的是，避免言语冲撞不能靠谩骂、翻白眼、斗殴等消极的方式，否则，不但不能避免冲撞，反而会使冲撞加剧，使事态更恶劣化。

谨慎用语，力避冲撞，这是人际交往中不能不加注意的重要之点，特别是那些涉世未深、年轻气盛的年轻人更要注意。

当然，如果你面前的是一位野蛮、粗俗、无理的人，你还可以采取据理力争的方法，坚持原则，绝不迁就软弱，争端自然会解决。

双方相争，必有一伤，也可能两败俱伤，所以在与别人交往的过程中，必须要注意避免语言冲突的分寸与艺术，以免让局面不可收拾。

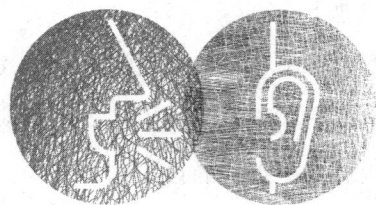

Part2 如何把话说到别人心坎里

说话必须有修养

　　众所周知，美国出色的政治家富兰克林的口才很好，事实上，这和他十分重视语言修为有很大关系。早年的富兰克林曾做了一张表，上面列举出各种他所要追求的美德。经过几年的实践力行，获得了相当成就。后来，他又找出了一件和谈话艺术有极大关系且应该实行的美德。我们来听听他的自述吧。

　　我在自我完善的计划里，最初想做到的有十二种美德，但有一个做教徒的朋友，有一天前来向我说大家都认为我太自傲，原因是我的骄傲常在谈话中流露。当辩论一个问题时，我不但固执地满足我自以为正确的主张，而且有些轻蔑别人的样子。我听了他这话，立刻就想矫正这种缺点，因而在我表上的最后一行加了"虚心"这一条。

　　不多久，我发觉改变后的态度使我获益不少。因为事实告诉我，我无论在哪里，若陈述意见时用谦虚方式，会令人家容易接受而绝少反对；说错了的话，在自己也不致受窘了。

　　在我矫正的过程中，起初的确用了很大的毅力，来克服本性而去严守这"虚心"两个字；但后来习惯渐成自然，数十年来恐怕很少有人见过我显露骄傲之态吧！

　　这全是我行为的方式所致。但除此以外，在我改善这个习惯的过程中，我更能处处地注意到谈话的艺术。我时常提醒自己，别去做一个擅长雄辩者，因而我和人谈话时字眼的选择常常变成迟疑，技巧也时常有意愚拙，不过结果是我仍然什么意思都可以表达出来的……

言语能力并非人天生的本能，而是后天练习的结果。口才的完善是很长一段时间思想、语言行为、仪态、情绪等各个方面综合磨炼的过程，也是内在修养的过程。

1．尊重他人的意见

说话是人的思想的反映，尊重他人的意见，也就如尊重他这个人。但有些人为使自己的意见突出，引起他人对他谈话价值的充分认同，常自觉不自觉地对他人意见加以贬低、否定。结果引发了对方的不满和对抗，不仅自己的意见未得到重视，反而遭到冷落和否定，自己的形象也受到贬损。有些善说话者，在发表己见时，恰恰采取相反的态度，他们会巧妙地从不同角度对已发表出来的意见加以肯定和褒扬，甚至采取顺势接话、补充发言的方式陈明己见，这样别人就会保持一个积极的良好的心态倾听他们的高论，他们的意见圆满发表了，他们的风格也显示出来了。

2．不与他人抢话争话

自己有真知灼见希望尽快发表出来，这种心情是可以理解的。但你同样也要给别人发言的机会，不能迫不及待，在他人侃侃而谈时，硬是卡断他的话头，让自己一吐为快；或者他人正欲发言时，你捷足先登，把别人已到嘴边的话硬是挤回去，让自己畅所欲言。发表己见首先应具备的修养就是耐心，待别人充分发表了意见之后，或轮到你的次序时，你再发言也不迟，这不仅不会减轻你发言的分量，还会调动大家的情绪。

3．不说侮辱性话语

说到口才修养，不得不提口德，"德"可以说是口才的灵魂。生活中，有些词语我们应尽可能避而不用，尤其是有关生理特点的胖猪、矮冬瓜、瘸子、聋子，身份卑贱的乞丐、私生子、拖油瓶、妓女、白痴……一个注重言语修为的人，一个有益于他人的人，自然易于为他人所接受，他的话也就可能被别人奉为圭臬。"文如其人"是从写作角度说的，我们也完全有理由说"言如其人"。心理上的专注力、耐受力、进取心等品质，也将使你更具个人魅力，使你的口才更富内涵。

在与人交往时，口才是非常重要的才能，但仅仅靠语言是不够的，更重要的是一个人的风度。

说话要讲究规矩

说话必须符合一定的语言规矩。它是指说话人在言辞交际过程中，必须遵守语言规范的要求，不能因为语言表达的混乱、不完整而词不达意，让人不知所云。语言的规矩主要包括两方面。

1. 语音清晰准确

说话人要表达什么，必须不含混、不模糊，清清楚楚、明明白白地说出来，让接受者一听就明，一听就懂。这样，表达才有作用，交际的目的才能实现。

做好下列三个方面，有助于达到语音清晰准确的要求。

（1）与非本方言区的接受者交谈，最好不要用方言。

（2）遇到容易产生歧义的读音，应予以适当解释。

（3）对一些关键字词的发音，尽量说得慢一些，说快了、急了，容易产生声音共振而使语音含混，让人听不清楚，或产生误听。

2．语句通顺明了

主要指用词前后协调准确、意思完整，不多余、不错乱等。

要做到语句通顺明了，以下两点应该注意。

（1）不生造词语。生造，是指按照自己的意愿杜撰、编造出谁也不懂的语词。虽然语词在人民群众的交际实践中不断丰富、发展，但它的产生应有一定社会基础，必须经过一段时间的运用，为交际区域的群众所接受才行，绝不是任何人都可以随便生造的。像"打的""打工""撮一顿""大款""倒爷"等已被人们熟悉，用于言辞交际当然可以，但如果有人说："我来迟了，实有抱惭。"这里的"抱惭"就是生造。何不用通俗的"抱歉"或"抱愧"呢？

（2）符合习惯要求。习惯是人们在长期的社会生活中逐渐形成的规矩、风尚，有些虽然从逻辑或语法的角度看并不规范，但既然已经在长期的社会生活中形成，就应当按约定俗成的原则来处理。比如"打"，其词义一为用手或器具撞击物体——打人、打鼓；一为发生与人交涉的行为——打官司、打交道；一为制造——打毛衣、打镰刀，等等。但"打的""打工""打瞌睡""打酱油""打折扣""打圆场"之"打"，就无上述意义。使用这些词汇时，只能是约定俗成，大家都按习惯办。还有像"打扫卫生""救火""养病""晒太阳"之类，也属此种情况。

另外，由于国别、民族、地域、信仰等差别，或是习惯要求的不一致，表达者需要入乡随俗，使自己言辞合于接受者的习惯，否则就要出差错、闹笑话。

说话也要讲分寸

"分寸"二字无处不在，日常生活中，不管是与人说话、交往，还是办事，时时处处都蕴藏着分寸的玄机。如果一个人在社会上不会把握分寸，就说不好话，办不好事，更不用说愉快地与人交往了。

综观古今，凡是有作为的人，都把说话讲分寸作为必备的修养之一。蜚声海内外的周恩来，他应变机敏睿智，言辞柔中有刚，就连谈判对手也情不自禁地露出赞许之态。美国前总统尼克松称赞周恩来在谈判时"显示出高超的技巧，在压力面前表现得泰然自若，恰得分寸"。

什么是"分寸"？从一定意义上说，分寸是一种不偏不倚、可进可退的中庸哲学。但中庸之道的抽象，不唯以恰当地把握其中的内涵，而分寸之道，却是一种被形象化了的尺度，更易于让人明确地把握，具有可为人所用的实际操作性。

通常所说的"掌握火候""矫枉过正""过犹不及""欲速则不达"等讲的都是这种"火候"和"分寸"的问题。一方面，话说不到位不行，说不到位，别人可能悟不明白，理解不透，琢磨不出你的真实用意。你提出的想法或要求也不会被人重视和接受，非但事情办不成，也常常不被人瞧得起，这样怎么能换取别人的欣赏与亲善呢？怎么能赢得别人的友谊和器重呢？另一方面，话说得太过头也不行，要求太高，言辞太尖刻，让人听了不愉快，觉得你不识大体，不懂规矩，不知好歹，这样的人常常被人敬而远之，也同样无法与人正常交往。还有一个方面，就是话说得不巧妙不行，太憨实，有时会招来嗤笑；太絮叨，有时会招来反感；太直露，有时会招来麻烦；太幼稚，有时会令人瞧不起。

懂得讲话技巧的人，能把一句原本并不十分中听的话，说得让人觉得舒服。有一位著名企业的总裁，当他要属下到他办公室时，从来不说"请你到我的办公室来一趟"，而是讲"我在办公室等你"。

中国人办事讲人缘，中国人成功靠人缘。没有好的人缘，不知要失去多少成功的机会，干多少事倍功半的事情。人缘靠什么来维护？靠的就是嘴上有分寸。一句话说对了，可能扶摇直上，平步青云。而一句话说过了，则可能"一着走错，满盘皆输"，毁掉一生前途。因此，要想立足于社会并取得成功，就一定要把握好说话的分寸。

五种话不能开口

文有文法，说有说风。说风是一个人的立场、观点、作风、内涵等在言谈中的综合体现。说风无论好坏，都是在一定的时代背景或社会条件下形成的，是为适应某种需要产生的。当然，也因人而异。诚信、正直的人，都能自觉地说真话、说实话；可有一些人却常说假话、蠢话、大话、空话、粗话。对此，我们不能等闲视之。

1. 不说假话

说真话是中华民族历来赞颂的美德。《韩非子·外诸说左上》中曾子教子的故事大家都很熟悉。曾子为了让孩子学会遵守诺言，把妻子开玩笑说的话付诸实施，将猪杀了，维护了妻子在孩子眼中诚实的形象。曾子的妻子是有意骗孩子吗？恐怕未必。但至少可以说，她没有意识到这种骗孩子的教育方式有多深的危害性。一次谎话就可能使孩子沾染上不良习气。曾子的行动鲜明地坚持了最可贵的精神——不说假话。

世界各地也有许多关于批评说谎的格言：

谎言没有脚，但有招祸的翅膀。（日本）

即使说一句假话也是说谎，即使偷一根针也是盗窃。（蒙古）

谎言跑得再快，也永远追不上真理。（俄罗斯）

宁愿听痛苦的实话，不听甜蜜的谎言。（非洲）

有一次，列宁参加一个会议，讨论的是关于彼得格勒的工业恢复计划的问题。人民委员施略普尼柯夫作报告时，用许多优美的词句描绘出一幅十分诱人的前景。报告后，自我感觉良好的施略普尼柯夫认为会受到列宁的称赞。可列宁却向他提了几个问题：目前在彼得格勒由哪一家工厂生产钉子？产量多少？纺织厂的原料和燃料还能保证用多少天？这些简单的问题把他问得瞠目结舌。列宁批评说："谁需要你们那些大吹大擂毫无保障的计划？针线、犁、纺织品在哪里？你不能回答这些问题，原因只有一个，就是实际的计划工作被你们用华而不实的废话代替了，这无异于欺骗。"

2. 不说"蠢话"

对于应酬来说，语言是非常重要的手段。得体的语言就像一部车子的润滑剂，使交际活动较少摩擦地向纵深发展。一个熟悉的笑话可以作为得体语言的反面教材：

有一个人请他的朋友到家里做客，来了两位朋友。他便自言自语："该来的没来。"其中一位朋友多心，认为自己不该来，找借口走了。

他又自言自语："不该走的倒走了。"剩下的那一位实在忍不住，也走了。

3．不说大话

一次，一位很自以为是的报社主笔在英国内阁总理格莱斯顿面前夸夸其谈。那是在一次宴会上，格莱斯顿很客气地对那个青年说："几天之前我收到过你的一封信。"

"我写的吗？我已经记不得了。哦，我肯定没有写过。也许是我的秘书写的吧，可以肯定那不是我写的。"听闻此言，格莱斯顿先生心里颇觉不快，但依然平和地对他点头，宴会渐渐进入高潮的时候，格莱斯顿先生理所当然地成了大家谈论的焦点。所有的客人都想找机会接近他，听他谈话，而除了报社主笔，格莱斯顿先生对每个人都热情而客气。整整一个晚上这位主笔总想找机会与格莱斯顿先生交谈，但都未能如愿。

因为喜好夸大之故，这位主笔先生失去了与格莱斯顿先生结交的绝好机会。好吹牛而不务实，久而久之，就会养成不良的习惯。

最好能虚心地承认自己的短处，切不可靠夸张而掩饰之。

爱说大话的人编造的那些超乎常理的故事，在百无聊赖的时候听听倒还可以。因为讲得往往是绘声绘色，跌宕起伏，可细究起来他讲的主题只有一个，就是他自己。如果你留意一下，就会发现几乎每句话里都会出现一个"我"字，这个无限重复的"我"很容易让人失去耐心。

A是某大学讲师，总爱在人前吹嘘自己交际有多广多深，有多少科研成果，获得多少荣誉。时间长了，他的学生给他起了一个外号叫"牛皮大师"。大言不惭、夸夸其谈的人到头来只会给别人留下浅薄、无知的印象，同时，过分标榜自我、忽视旁人最终只会陷入孤岛。

4．不说空话

人们常常因为自己的地位比别人高，资历比别人深，潜意识里就会产生一种优越感，觉得自己比别人有成就，比别人懂得多。因此在谈话时难免带有说教的腔调。

当然，说教并非一无是处，有时的确是正确的忠告，但许多时候往往会引起谈话对象的逆反情绪，收效甚微。

说教者常常会说"你须知道我并不是在干涉你的作为"，"我觉得有许多话不得不同你讲"或者说"你不得不这样做，唯有如此才能避免错误发生"。

其实，说教者们的这些想法，应该是在别人接受观点时自心底生的。而由说教者嘴里说出来的，再多也只是空洞的说教，结果只会让人产生抵触情绪。爱说空话的人说话很少有个准数，要么与事实本身不符，要么泛泛而谈。长此以往，极易失去别人的信任。要力避高高在上、目空一切的情况，而且要用鲜明、生动、形象，让别人心悦诚服。

B 是某企业领导，该企业明明是亏损企业，但为了某种目的，他在上报时说赢利多少多少，结果该企业不仅得不到国家政策的支持，还得多交利税。对此，工人们愤愤不平。

爱说空话的人，常将很多的时间与精力放在一些微乎其微且不切实际的事物上。若要给他倾诉的机会，他一定会不厌其烦地用五倍乃至十倍的时间来讲述他的故事。你常会等他讲得好久，已经被他众多的毫无价值的细节弄得晕头转向时，还听不到他讲述的故事的要点。如果在他讲述的过程中，你想抓住故事梗概，问他一句："你所讲的那位穿灰色风衣的女人究竟如何呢？"他仍只是轻描淡写地回答你："不用急，我就要讲到她了，你先听我把这个讲完。"接着，他又啰里啰唆地说上很多空泛的话。

假如这位小题大做者能看出听他讲故事的人如此耐心完全是因为礼貌，那么他必定会把要说的话整理完后才讲。如果能看出对方对故事并不感兴趣，他也会做出种种努力使故事讲述得更紧凑一些，遗憾的是，他们始终观察不出听众的反应。

一个青年写信给热恋的姑娘说："亲爱的，我爱你爱得没有止境，我的心是这样热烈，我简直无法形容，我不知道用什么话才能表达出来。"假如对方是一个普通幼稚的姑娘，她一定会说"好极了"，但假如她是一个有学问的姑娘，她就会说："可怜的孩子，你的脑袋怎么这样笨啊！"

5. 不说粗话

俗话说，习惯成自然。无论什么事情，只要成了习惯，就会自然地去做。讲粗话也是如此。一个人一旦沾上了讲粗话的习惯，往往出口不雅，而自己却不知道。

习惯是长期条件反射累积的结果，因此要改变一种习惯，就需要中止原有的条件反射，努力建立新的习惯。

首先，要认识讲粗话是一种坏习惯，是不文明的行为，从思想上强化克服这种习惯的意识。生活实践表明，意识越强烈，行动的决心越大，效果也越明显。

其次，找出出现频率最高的粗话，集中力量首先改掉它。可以通过改变讲话频率，每句话说完停顿一下，讲话前提醒自己等办法改变原有的条件反射。出现频率最高的粗话改掉了，其他粗话的克服也就不难了。

再次，要有实事求是的思想准备。习惯的形成不是一朝一夕的事情，它的克服当然也要待以时日，不可能在一两天内把长久以来形成的习惯迅速改掉。有时，讲话中仍然漏出几句粗话，这也是在所难免的。如果一下子要求把所有的粗话统统改掉，反而会因难以办到而感到失望，动摇克服讲粗话习惯的信心。

最后，请别人督促。由于有时自己讲了粗话却不知道，请别人督促就能起到提醒、检查的作用。督促还有另一层心理意义：造成一种不利于原有条件反射自然发生的外界环境，以促进旧习惯的终止。

所以，在修炼你的口才的同时，还要积极修炼你的口德。

说话要察言观色

人人都有这样的经验：有时，同某人在一起，感到很烦，本来很感兴趣的话题却不想谈下去。究其原因，主要是因为对方说话不讨人喜欢，该问的问，不该问的也问，所以让我们觉得厌烦。说话要讲究轻重、曲直，更要察言观色，知道哪些话该说哪些不该说，哪些该问哪些不该问。

西汉初年，汉高祖刘邦打败项羽，平定天下之后，开始论功行赏。这可是攸关后代子孙的万年基业，群臣们自然当仁不让，彼此争功，吵了一年多还没吵完。

汉高祖刘邦认为萧何功劳最大，就封萧何为侯，封地也最多。但群臣心中却不服，私底下议论纷纷。

封爵受禄的事情好不容易尘埃落定，众臣对席位的高低先后又群起争议。许多人都说："平阳侯曹参身受七十次伤，而且率兵攻城略地，屡战屡胜，功劳最大，他应排第一。"刘邦在封赏时已经偏袒萧何，委屈了一些功臣，所以在席位上难以再坚持己见，但在他心中，还是想将萧何排在首位。

这时候，关内侯鄂君已揣测出刘邦的心意，于是就顺水推舟，自告奋勇地上前说道："大家的评议都错了！曹参虽然有战功，但都只是一时之功。皇上与楚霸王对抗五年，时常丢掉部队，四处逃避，萧何却常常从关中派员填补战线上的漏洞。楚、汉在荥阳对抗好几年，军中缺粮，也都是萧何辗转运送粮食到关中，粮饷才不至于匮乏。再说，皇上有好几次避走山东，都是靠萧何保全关中，才能顺利接济皇上的，这些才是万世之功。如今即使少了一百个曹参，对汉朝有什么影响？我们汉朝也不必靠他来保全啊！你们又凭什么认为一时之功高过万世之功呢？所以，我主张萧何第一，曹参居次。"

这番话正中刘邦的下怀，刘邦听了，自然高兴无比，连连称好，于是下令萧何排在首位，可以带剑上殿，上朝时也不必急行。

而鄂君因此也被加封为"安平侯"，得到的封地多了将近一倍。他凭着自己察言观色的本领，享了一生荣华富贵。

问题是展开话题的钥匙。所以说话察言观色就要做到问话要讨人喜欢。有些问题，当你得不到满意的答复时，是可以继续问下去的，但有一些问题就不宜再问。比方说你问对方住在哪里，他如果只说地区而不说具体地址，你就不宜再问在某路某号。如果他愿意让你知道的话，他一定会主动详细说明的，而且还会补充上一句，邀请你去坐坐，否则便是不想让别人知道，你也不必再追问了。举一反三，其他诸如此类的问题，如年龄、收入等也一样不宜追问，以免引起对方不快。

不可问对方同行的营业情况。同行相忌，这是一般人的毛病。因为他回答你时，若不是对其同行过于谦逊的赞扬，便是恶意的诋毁。在一个人面前提及另外一个和他站在对立地位的人或物总是不明智的。

此外，在日常交际中要知道的是：不可问及别人衣饰的价钱；不可问女士的年龄；不可问别人的收入；不可详问别人的家世；不可问别人用钱的方法；不可问别人工作的秘密，如化学品的制造方法，等等。

凡别人不知道或不愿意让人知道的事情都应避免询问。问话的目的在于引起双方的兴趣，而不是使任何一方没趣。若能让答者起劲，同时也能增加你的见识，那是问话的最高本领。

一位社交家说："倘若我不能在任何一个见面的人那里学到一点东西，那就是我的处世的失败。"

这句话很发人深省，因为虚怀若谷的人，往往是受人欢迎的。记住，问话不仅能打开对方的话匣子，而且你可以从中增益学问。

换位思考巧说话

很多人往往习惯将自己的想法、意见强加给别人，总觉得自己的做法、意见才是最好的。虽然出发点都是好心的，是为了帮助别人解决某些问题，但是却始终没有站在对方的立场上想过这样是否适合。所以当我们和别人商谈事情时，我们不应该先自我确定标准和结论，应该站在对方的立场仔细想想，关心询问对方对这件事情的看法和应该如何解决这个问题，而不是直接讲一番自我的大道理来逼迫对方接受。

在与对方沟通时，站在对方立场上，才能让别人听着顺耳，觉得舒服。站在对方立场上，设身处地地想，设身处地地说。如此，不仅能使他人快乐，也能使自己快乐。

站在对方的立场考虑问题，你会发现，你跟他有了共同语言，他所思所想、所喜所恶，都变得可以理解。在各种交往中，你都可以从容应对，要么伸出理解的援手，要么防范对方的恶招。许多人不懂得如何站在对方立场上思考和说话，这是导致很多事情做不成功的一大原因。

　　站在他人的立场上说话，能给他人一种为他着想的感觉，这种投其所好的技巧常常具有极强的说服力。要做到这一点，"知己知彼"十分重要，唯先知彼，而后方能从对方立场上考虑问题。成功的人际交往语言，有赖于发现对方的真实需要，并且在实现自我目标的同时给对方指出一条可行的路径。

　　某精密机械总厂生产某项新产品，将其部分部件委托另外一家小型工厂制造，当该小型工厂将零件的半成品呈示总厂时，不料全不合该厂要求。由于迫在眉睫，总厂负责人只得令其尽快重新制造，但小厂负责人认为他是完全按总厂的规格制造的，不想再重新制造，双方僵持了许久。总厂厂长在问明原委后，便对小厂负责人说："我想这件事完全是由于公司方面设计不周所致，而且还令你吃了亏，实在抱歉。今天幸好是由于你们帮忙，才让我们发现竟然有这样的缺点。只是事到如今，事情总是要完成的，你们不妨将它制造得更完美一点，这样对你我双方都是有好处的。"那位小厂负责人听完，欣然应允。

　　也许你会质疑："站在对方的立场上说来容易，实际要做的时候却很难。"没错，站在对方立场来说话确实不容易，但却不是不可能。许多口才不错的人都能确实做到这一点。因为若不如此做，谈话成功的希望就可能是很小的。真正会说话的人，善于努力地站在他人的角度来设想，并且乐此不疲。然而，他们也并非一开始就能做得很好，而是从一次次的说服过程中吸收经验、汲取教训，不断培养自己养成这种习惯，最后才达到这样的境界。因此，只要你愿意，这并不是件太大的难事。

　　站在对方的立场上思考和说话，设身处地地为别人着想，往往能让人非常感动。现在有一个很流行的说法是"理解万岁",一个人最大的痛苦之一就是没人理解,如果我们能站在他的立场上说话,那对于他来说是一种莫大的幸福。

美国汽车大王福特说过:"如果说成功有秘诀的话,那就是站在对方立场上认识和思考问题。"如果你与别人意见不一致了,假若能站在对方的立场上认识和思考问题,你也许会发现自己错了。而且如果你肯主动承认错误,就会使矛盾很快得到解决,还能赢得他人的喜欢。

赞美话要个性化

人的地位有高低之分,年龄有长幼之别,因而因人而异、突出个性的赞美比一般化的拍马屁能收到更好的效果。老年人总希望别人不忘记他"想当年"的业绩与雄风,同其交谈时,可多称赞他引以为豪的过去;对年轻人不妨赞扬他的创造才能和开拓精神,并举出几点实例证明他的确能够前程似锦;对于经商的人,可称赞他头脑灵活,生财有道;对于知识分子,可称赞他知识渊博、宁静淡泊……这些都是恰如其分的。而如果夸一个中年妇女活泼可爱、单纯善良就会不伦不类,弄不好会招致臭骂;赞美你的领导发家有方、日进斗金,恐怕升迁就渺茫了。

人都是有弱点的,再谦虚,再不近人情,再标榜不喜欢听甜言蜜语的人,其实都是喜欢别人赞美的,但要恰如其分。

古时候有一个人非常善于拍马屁。他阿谀奉承地过了一生,送了无数的高帽子给人戴。死后到了阴间,阎王亲自审问他。

"你这人活了一世，只懂阿谀奉承，让人不思进取，实在是罪该万死。来啊，把他给我打下十八层地狱！"阎王怒气冲冲地吼道。

"慢着，"那人不慌不忙地说道，"小人是该死，但小人奉承的都是那些有虚荣心的人。像大王您这样英明神武、铁面无私、没有虚荣心的人是不会接受小人的高帽的。"

"还算你有眼！"阎王笑着说，"你投胎去吧！"

要赞美别人，就要善于揣测人心，了解对方的需要，有的放矢。比如营业员与顾客在商品质量、价格等方面争执不下时，营业员改换话题，称赞这位顾客真有眼光，这衣服款式是最新的，面料也好，特别畅销。再夸她能说会道，真会砍价，我们这儿从没这么低的价钱了。顾客一定喜欢听，不好意思再争下去，说不定很快就买下来了。人的心理就是这么奇怪。

吴局长除了精于本职业务以外，对书法也颇有研究。一次部下小丁去拜访他，恰巧碰到他在写字。"哎呀，没想到吴老的字写得这么好。"精明的小丁一副发现新大陆的样子。

"哪里哪里，胡乱涂鸦罢了。"吴老很谦虚。"我以前也学了两年书法，但总不得要领。不知道吴老有什么绝招，可不可以教教我？"小丁虚心求教。

"你也喜欢书法？那太好了！"吴老像遇到知己一样，兴奋地对自己的部下说起来，"就我自己的体会，学写书法就在于三点：眼到、心到、手到。所谓眼到，就是观摩名家作品，要观察入微；心到呢，就是学书法要有恒心，切不可'三天打鱼，两天晒网'的，并且写的时候要用心去体会，进入忘我的境界。"吴老停下来，喝了口茶。

"那手到又是什么呢？"小丁一副求知的样子。

"手到当然是多练了。只有多练才能体会到书法的真义。"

"唉，我过去就是看得少，练得少，并且没有恒心。今天听吴老一席话，对我的帮助真是太大了！"小丁感慨地说。

接下来宾主自然是谈得非常投机。临走时，吴老还送了小丁一幅自己的字。小丁将它往自己办公室一挂，当然增光不少，吴局长也更喜欢他了。

虚荣是人的天性，它希望被满足的欲望是强烈的，我们与别人交流的时候可以先明白对方的虚荣所在，然后用一些恰当的话去满足这种虚荣，对方一定会非常受用。

每个人都有自己的长处，这方面往往是他花费了精力才获得的，如果你对他的这方面表示承认，并且表示得谦虚一些，对他显露出求教的意思，给他充分展现自己特长的机会，他一定会很高兴的。

交流中，多说我们

有位心理专家曾经做过一项有趣的实验。他让同一个人分别扮演专制型、放任型与民主型等三种不同角色的领导者，而后调查其他人对这三类领导者的观感。

结果发现，采用民主型方式的领导者，他们的团结意识最为强烈。同时研究结果也指出，这些人当中使用"我们"这个名词的次数也最多。

一家公司招聘员工，最后要从三位应聘人员中选出两个。他们给出的题目是这样的：

假如你们三个人一起去沙漠探险，在返回的途中，车子抛锚了。这时，你们只能选择四样东西随身带着。你会选什么？这些东西分别是：镜子、刀、帐篷、水、火柴、绳子、指南针。其中帐篷只能住两个人，只有一瓶矿泉水。

甲男选的是：刀、帐篷、水、火柴。

面试经理问他，为什么你第一个就要选刀？

甲男说："害人之心不可有，防人之心不可无。这帐篷只够两个人睡，水只有一瓶，万一有人为了争夺生存机会想害我呢？所以，我把刀拿到手，也就等于把主动权抓到了手中。"

乙女和丙男选的四样物品为：水、帐篷、火柴、绳子。

乙女解释说："水是必需品，虽然只够两个人喝，但可以省着点，相信也能够使三个人一起坚持到最后；帐篷虽然只能容纳两个人睡，但是可以三个人轮换着来休息；火柴也是路上必不可少的；而绳子可以用来把三个人绑在一起，这样在风沙很大、看不见物的时候，队伍就不会散了。"丙男给出的解释与乙女相同。

最后，甲男被淘汰出局。

事实上，我们在听演讲时，对方说"我认为……"带给我们的感受，将远不如他采用"我们……"的说法，因为采用"我们"这种说法，可以让人产生团结意识。

小孩在做游戏时，常会说"我的"、"我要"等语，这是自我意识强烈的表现，在小孩子的世界里或许无关紧要，但若长大成人以后仍然如此，就会给人自我意识太强的坏印象，人际关系也会因此受到影响。

人的心理是很奇妙的，同样的事往往会因说话的态度不同，而给人完全不同的感觉。因此善用"我们"来制造彼此间的共同意识，对促进我们的人际关系将会有很大的帮助。

"我没有做什么，同事们和我一样战斗在工作第一线，尤其领导更是起了带头作用，为我们做出了榜样。所以今天大家给我的荣誉，我觉得功劳不能归于一人，功劳是大家的。"在一些表彰会上，经常可以听到这样的语言。其实这些话多半言不由衷，因为明明工作就是一个人干的嘛。但是把"我"说成"我们"，一来显得自己谦虚，二来让领导和同事们听着都很舒服：这小子，还有点眼光。

中国是一个传统深厚的国家，中国人有内敛的普遍个性，这种内敛个性成为了我们基本价值判断的一部分。如果一个人过分强调自己，什么事都抢着去干，或者什么功劳都揽到自己头上，什么过错都推给别人，那这个人很可能就要倒霉了，除非你是团队中的头号人物。所谓"枪打出头鸟"就是这个道理，所以即使自己干了很多，苦劳都是自己的，也要把功劳分给大家。

不过让心中不平之人聊可自慰的，就是你做了事情但是把功劳和大家分享了，你在别人心中的地位就会逐渐提高。群众的眼睛是雪亮的，什么东西他们看不出来？领导更是眼明心亮，只要你不抢他的风头，时间长了肯定有你的好处。

说"我"跟"我们"的差别，其实就是让听者心里头高兴与否。说"我们"，听者心里高兴，对自己有好处；说"我"，听者心里不高兴，对自己没什么好处。既然这样，聪明的人就应该多说"我们"少说"我"。

那么是不是不能说"我"呢？当然不是，只是要把握好机会。平时积累了很多人情资本，在关键时刻勇敢地把"我"说出来，等于是量变到质变的飞跃，会取得让人满意的结果。

给人机会不话痨

有些人在生活中常易犯一个毛病：一旦他们打开话匣子，就难以止住，被人称为"话痨"。其实，这种人得不偿失，因为他们自己话说得多了，既费精力，给他人传递的信息又太多，也还有可能伤害他人；另外，他们无法从他人身上吸取更多的东西，当然问题不在于别人太吝啬，而是他不给别人机会。看来，那些说个不停者确实该改改自己的"牛性"了，否则会吃大亏。

如果有几个朋友聚在一起谈话，当中只有一个人口若悬河，其他人只是呆呆听着，这就成为他的演讲会，让在场的其他人感到无可奈何和愤怒。每一个人都有着自己的发表欲。小学生对老师提出的问题，争先恐后地举起手来，希望教师让自己回答，即使他对于这个问题还不是彻底地了解，只是一知半解地懂了一些皮毛，还是要举起手来，也不在乎回答错误要被同学们笑，这就说明人的表现欲是天生的，因为小学生远不如成年人有那么多顾虑。成人们听着人家在讲述某一事件时，虽然他们并不像小学生那样争先恐后地举起手来，然而他却恨不得对方赶紧讲完了好让他讲。

阻遏别人的发表欲，人家一定不高兴，你在此情况下很难得到别人的认同，为什么要做这样的傻事呢？你不但应该让别人有发表意见的机会，还得设法引起别人说话的欲望，使人家感觉到你是一位令人欢喜的朋友，这对一个人的好处是非常之大的。

著名记者麦克逊说："不肯留神去听人家说话，这是不受人欢迎的原因之一。一般的人，他们只注重于自己应该怎样说下去，绝不管人家要怎样说。须知世界上多半是欢迎专听人说话的人，很少欢迎专说自己话的人。"

以前，美国最大的一家汽车工厂正在准备采购一年所需要的坐垫布。3 家有名的厂家已经做好样品，并接受了汽车公司高级职员的检验。然后，汽车公司给各厂发出通知，让各厂的代表进行最后一次竞争。

有一个厂家的代表基尔先生来到了汽车公司，他正患着严重的咽喉炎。参加高级职员会议时，他的嗓子哑得厉害，差不多不能发出声音。他被带进办公室，与纺织工程师、采购经理、推销主任及该公司的总经理面洽。他站起身来，想努力说话，但只能发出沙哑的声音。

大家都围桌而坐，所以基尔只好在本上写了几个字："诸位，很抱歉，我嗓子哑了，不能说话。"

"我替你说吧，"汽车公司总经理说。后来总经理真替他说话了。他陈列出基尔带来的样品，并称赞它们的优点，于是引起了在座其他人热烈的讨论。那位经理在讨论中一直替基尔说话，而他在会上只是微笑点头及做出少数手势。

令人惊喜的是，基尔最后得到了那份合同，订了 50 万码的坐垫布，价值 160 万美元——这是他得到的最大订单。

如果不是因为意外而说不出话，也许基尔就要侃侃而谈，让人心生反感，也就不会得到那笔单子。一个商店的售货员，拼命地称赞他的东西怎样好，不给顾客有说一句话的机会，很可能就会失去这位顾客的生意；因为顾客不过是把你的如簧之舌、天花乱坠的说话当做是一种生意经，绝不会轻易相信而购买的。反过来，你如果给顾客说话的余地，使他对商品有评价的机会，你的生意便有可能做成功。因为顾客总有选择和求疵的心理，如果只是一味地夸耀，或是对顾客的批评加以争辩，这无异于说顾客不识好货，不是对顾客极大的侮辱吗？他受了极大的侮辱，还会来买你的货物吗？

与其自己唠唠叨叨地多说废话，还不如爽爽快快，让别人去说话，反而会得到意想不到的成功。如果能够给别人说话的机会，你就给人留下了一个好印象，以后，别人就会更愿意与你交谈。

谦和能拉近距离

第一次见面时，用三言两语恰到好处地表达你对对方的友好情意，或肯定其成就，或赞扬其品质，就会顷刻间暖其心田，感其肺腑，使对方油然而生一见如故、欣逢知己之感。初次见面时交谈达到这种程度会为日后的深入交往做好铺垫。跟从未见过面者电话交谈时适当地表情达意同样能使对方感动不已。

很多时候，当你的意见与对方出现分歧时，你也许很想打断他。不要那样做，那样做很危险。当他有许多话急着要说的时候，他不会理你的。因此，你要耐心地听着，诚恳地鼓励他充分地说出自己的看法。

在日常生活中，我们也应该做一个开明谦和的人，尽管我们不是皇帝。比如说如果你从事推销工作，那么被别人拒绝就是在所难免的了。对方拒绝你并不是因为不想买你的产品，而是因为与你有距离感，这种时候你就非常有必要想办法用一种比较谦和的态度来消除与对方的距离感。

刘先生是一家天然食品公司的推销员。一天，他还是一如往常，把芦荟精的功能、效用告诉一位陌生的顾客，对方同样没有兴趣。刘先生自己嘀咕："今天又无功而返了。"当刘先生正准备向对方告辞时，突然看到阳台上摆着一盆美丽的盆栽，种着紫色的植物。刘先生于是请教对方说："好漂亮的盆栽啊！平常似乎很少见到。"

"确实很罕见。这种植物叫嘉德里亚，属于兰花的一种。它的美，在于那种优雅的风情。"陌生人从容地解释道。

"的确如此。会不会很贵呢？"刘先生接着问道。

"很昂贵。这盆盆栽就要800元呢！"陌生人从容地接着说。

"什么？ 800元……"刘先生故作惊讶地问道。

刘先生心里想："芦荟精也是800元，大概有希望成交。"于是慢慢把话题转入重点："每天都要浇水吗？"

"是的，每天都要很细心养育。"

"那么，这盆花也算是家中的一分子喽？"这位家庭主妇觉得刘先生真是有心人，于是开始倾囊传授所有关于兰花的学问，而刘先生也聚精会神地听。

过了一会儿，刘先生很自然地把刚才心里所想的事情提出来："太太，您这么喜欢兰花，您一定对植物很有研究，您是一个高雅的人，同时您肯定也知道植物带给人类的种种好处，带给您温馨、健康和喜悦。我们的天然食品正是从植物里提取的精华，是纯粹的绿色食品。太太，今天就当做买一盆兰花把天然食品买下来吧！"

结果对方竟爽快地答应下来。

这笔生意的成交多半是因为刘先生态度谦和，既没有咄咄逼人的强势，也没有卑躬屈膝让人鄙视。这一结果出人意料，但并非在情理之外。

实际上，只要你有谦和的态度，你要办的事情往往会柳暗花明，甚至在你毫无思想准备的情况下获得成功。谦和诚恳不仅是良好修养的体现，也是高超的语言驾驭能力的体现。这种能力能对方放下敌意，像你一样的谦和，进而与你建立一种相互吸引的关系。

表达异见要委婉

美国前参议院议员罗慈和哈佛大学校长罗威尔，在欧战结束后不久，一同被请到波士顿去辩论国际联盟的问题。罗慈感觉到大部分听众都对他的意见表示仇视，可是他决定让听众都赞同他的意见。他该怎样表达自己的观点，让听众赞同自己呢？下面是他的那篇演说稿，看完他开始的十几句话，即使反对他最强烈的人，也无法对他提出相悖的意见。为了称颂听众的爱国热忱，他称听众为"我的同胞"；为了缩小彼此意见相悖的范围，他敏捷而郑重地提出他们共同的思想；为了赞美他的对手，他坚持着说他们的不同点只是方法上琐碎的小枝节，而对于美国的幸福以及世界的和平诸多大问题，他们的观点是完全一样的。他更进一步地说，他也赞成国际联盟的组织是应该有的。分析到最后，他和对方的不同点，只是他觉得"我们应该有一个更完善的国际组织"。现在就让我们来看看他演说的开头吧：

校长、诸位朋友、诸位先生、我的同胞们：
罗威尔校长给了我这一个机会，使我能够在诸位面前说几句话，对此我感到十分荣幸。我们两人是多年的老朋友，而且都是信奉共和党的人，他是我们拥有最大荣誉的大学校长，是美国最重要、极有权威和地位的人，他还是一位研究政治最优秀的学者和史学专家。现在，我们对于当前的重大问题，在方法上也许有所不同。然而，在对待世界和平以及美国的幸福的问题上，我们的目的还是一样的。如果你们允许的话，我愿意站在我本人的立场上来简单地说几句。我曾用简明的英语，一次又一次说了好多遍了，但是，有人对我产生了误解，竟说我是反对国际联盟的，而无论它是一个怎样的组织。其实，我一点也不反对，我渴望着世界上一切自由的国家，大家都联合起来，成立我们所谓的联盟，也就是法国人所说的协会。只要这个组织能够真正联合各国，各尽所能，争取世界永久和平，促成环球裁军的实现。

任你曾对演说者的意见有过怎样激烈的反对，但是当你听完这样一个开头之后，你觉得心平气和些了吧。你当然愿意更多听一些，至少你相信演说者是个正直的人。

如果罗慈的演说开头就对那些信任国际联盟的人加以痛斥，说他们真是荒谬达到极点，而且自己再在心里存着一种偏见，结果当然必败无疑。相反，他机智、委婉地把自己的观点托出，反而让听众更愿意往下听。下面一段话，是从罗宾汉教授所著最伟大、最受人欢迎的《心的形成》一书中摘录下来的，他根据心理学来指示我们为什么直接攻击方式不会发生效力：

"这是我们常常感觉到的，我们并不费什么情感，或是遭遇到什么阻力，就把原来的意见改变了。但是，如果有人明确指责我们的错误，我们立刻会对这指责发生反感，而且还使我们的主意更加坚决。我们的信念往往在不知不觉中发生，但是，如果有谁来打消我们那种信念时，我们就会十分坚决地以全力来保护它。"

如果你要表达一个与别人的意见相左的观点，特别是你要说服别人相信自己的观点并抛弃原有的意见，那么你最好不要一上来就攻击说别人是错误的，而应该机智、委婉地表述自己的观点，然后把听众引到你的观点上来，从而使他们忘记原来的观点。

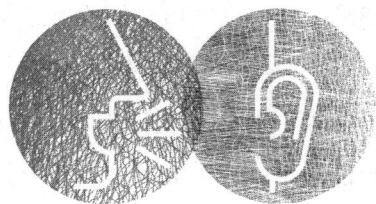

Part3 说话表达有技巧

发音清楚是建立良好沟通的第一步

发音清楚及适当的重音和语调，能够帮助我们准确地表达自己的思想，使听众明白我们的意思和所强调的重点。

1．练习发音的第一步——练气

咽喉炎似乎是所有教师的通病，这种现象一方面是因为教师每天的说话量过大，另一方面是因为没有掌握正确的发声方法。我们都知道播音员和歌唱家每天的一个必备的功课就是练习发声，练习用气来发声，也就是人们常说的练声先练气。

气息是人体发声的动力，是发声的基础。如果能正确地掌握用气发声的方法，可以保护嗓子。

演讲的效果与发声有着直接的关系，我们之前说了，有活力的声音可以使听众兴奋，反之就会给人一种说话绵软无力的感觉。而影响发声的最直接原因就是气息，气息充足，声音就会响亮而有朝气；气息不足，声音就会恹恹无力；用力过猛就是我们常说的大嗓门，给人以一种不礼貌的感觉。

我们在练声时，最重要的就是吸气与呼气训练。我们可以参考瑜伽当中腹式呼吸法来练习吸气和呼气。

所谓腹式呼吸法，就是吸气时让腹部凸起，吐气时压缩腹部使之凹入的呼吸法。正确的腹式呼吸法为：开始吸气时全身用力，此时肺部及腹部会充满空气而鼓起，但还不能停止，仍然要使尽力气来持续吸气，不管有没有吸进空气，只管吸气再吸气。然后屏住气息4秒，此时身体会感到紧张，接着利用8秒的时间缓缓地将气吐出。吐气时宜慢且长，不要中断。做完几次前述练习后，不但不会觉得难过，反而会有一种舒畅的快感。

2．练习发音的第二步——练声

第一，练习音高和音低。

可以通过朗读古代诗词、散文等来练习。先从低音说起，再一句句地升高，说到最后再一句句地降下来。然后再一句高，一句低，高低交替地朗读，也可以每个字的音调由低向高，再由高向低。

第二，练习音强与音弱。

可以采用和之前同样的材料，按音量从小到大来练习，从小音量练习开始，要注意的是音量虽小，但吐字一定要清晰。之后把音量加大到正常来练习，同样要求吐字清晰，抑扬顿挫。之后再加大音量，用大音量练习，这时要求气息强大，音色高亢洪亮。当我们能熟练清晰地用三种音量发音时，就可以进行三种音量的混合练习，这样的练习还可以加强我们的语感和语气。

第三，练习实音与虚音。

所谓的实音，就是音色响亮、扎实、清晰度高的声音，这就要求我们在发音时，要清晰明白，咬字要准确。所谓虚音多用于表达感叹、回味、夸张等情感的语句中，说话的气息强而逸出较多，音量则有所控制，但是同样注意字音的清晰。

最后要注意的是，早晨刚睡醒时不要直接到室外去练习，特别是室外与室内温差较大时，冷空气的刺激会损害我们的声带。

不同的语调带有不同的意义

语调是声和气的结合，不同的语意是某一种声和气在人们长期的使用过程中逐步形成的。它是具有社会性的，是约定俗成的，具有稳定性，包括思想感情、声音形式两个方面。不会以个人的意志为转移，我们只能遵循这一特点，而不能根据个人的好恶去随意地违背它或改变它。

人们对于不同语调的反应在长期的生活中，是本能的认知：恶声恶气不会是抒发柔情蜜意、大声吼叫不会是称赞别人、粗声粗气不会是向别人道歉、更不能用来表现我们激动的心情。所有使用有声语言的场合，都离不开语调。若想成为一个说话富有感染力的人，就一定要熟练掌握驾驭语调的能力，要善于运用合适的语调来表达复杂的内容和不同的思想感情。

只有用正确的语调才能表示正确的意义，否则我们将不能正确地表达我们的本意，甚至还会招致麻烦和痛苦。但是当一个团体的成员固定使用一种新的语调，那么也会给既定的语调赋予新的含义。相同的词语因为不同的语调而产生不同的意义的例子在我们身边有很多。

语调能够影响人们的情绪这是在我们的实际生活中经常会遇到的现象，像是我们都熟悉的相声演员就曾经利用这样的反差来进行表演，他们在二泉映月的音乐下说明相声是一项语言艺术，这样就形成了内容的喜悦和语调的悲哀的反差。意大利一位演员也曾经用悲怆的语调来朗读阿拉伯数字，虽然朗读阿拉伯数字本身并没有任何意义，但是因为语调的悲哀，使得听众产生了共鸣，不少听众潸然泪下。所以，有时候，在表情达意方面，语调甚至超过语言本身。

就像我们很熟悉的一个词"讨厌"，来举个例子。

当我们用粗声粗气来说，就表示出一种指责、反感；用恶声恶气来说，就表现出一种愤怒、斥责；用柔声细气来说，则有一种害羞的感觉；用嗲声嗲气说，则有一种打情骂俏、撒娇的感觉。使用好声和气的一条重要原则就是要尽力避免可能会出现的歧义现象。

那么作为一个演讲者在演讲中可以常用的哪些语调呢？

首先，当演讲者需要激励听众的士气时，可以使用慷慨激昂的语调。

慷慨激昂的语调有一种气势磅礴的感觉，可以给予人们激励的感觉，具有强烈的鼓动性和感染力。

其次，当演讲者需要引起听众的兴趣时，可以使用抑扬顿挫的语调。

所谓抑扬顿挫，就是指句子里的语气有高低升降、轻重缓急的变化。

抑扬顿挫，使得一句话说出的时间和强度有了变化，这样它所表达的意思就有可能不同，甚至会截然相反。所以，抑扬顿挫的语调可以加强句子的语气，有助于演讲者抓住听众的情绪，吸引听众的注意力。

第三，当演讲者需要平复听众的情绪时，可以使用平和舒缓的语调。

有时，一味的慷慨激昂，高声演讲，并不能够吸引听众，当演讲者置身于某些特定的场合中，例如分别的时候，吊唁的时候，演讲者说话时不能高声喧哗、慷慨激昂，这时就需要演讲者用平和缓慢的语调，这样的语调不但能符合听众的心理，还能够安抚、治愈听众的心灵。

最后，当演讲者需要说服听众时，可以使用气势沉稳的语调。

这样的语调是在演讲者想要将一种观念或理念传达给听众时常用的，教师就常用这种语调来给学生们讲解新的内容。

这样的语调最大的特点就是自信，因为，一个人，想要别人相信自己，首先要相信自己，要想说服别人，就先要说服自己，然后再以自己的沉稳自信去征服别人。

总之，用语调表达不同的感情时要注意语言、语义、演讲的场景和主题，注意语气与措辞的一致以及语气之间的协调，这样，我们的演讲才能取得比较好的效果。

如何在说话中运用突兀语言

有些人善于在说话的开头出语惊人，突兀而起，配以起伏变化的语调使演讲体现出一种神秘的色彩，一下子就能把听众震住。这样既能吸引听众的注意力，又能确定演讲的情感基调。有位演讲者在介绍刘玲英为保卫国家金库而与行凶抢劫者奋力拼搏的事迹时，是这样开始演讲的：

"刀，一把明晃晃的三角刮刀已经逼近了刘玲英的眼睛，穷凶极恶的歹徒丧心病狂地嚎叫：'你交不交钥匙？不交就要你变成瞎子！'面对威吓，刘玲英毫不畏惧，回答的是三个字：'不知道！'凶手手中的刮刀刮进了刘玲英的眼睛，可刘玲英回答的仍然是三个字：'不知道！'歹徒用三角刮刀在刘玲英身上、脸上捅了二十多刀，鲜血染红了地面，刘玲英还是那三个字'不——知——道！'朋友们，这就是我们的英雄，面对猖狂，面对凶暴脸不改色心不跳，用生命和鲜血捍卫着人民的财产。在这里我要用我全部的热情来赞一赞这位女豪杰，女英雄！"

这里，突兀在听众面前的是一幅凶残血腥的画面，令听众为之动容，为之心跳。加之演讲者夸张地运用轻重、快慢、升降、停顿等语调技巧，强烈地感染着听众。

我们再看看1941年7月3日斯大林《广播演讲》的开头：

"希特勒德国从6月22日向我们祖国发动的背信弃义的军事进攻，正在继续着。虽然红军进行了英勇的抵抗，虽然敌人的精锐师团和他们的精锐空军部队已被击溃，被埋葬在战场上，但是敌人又往前线调来了主力军，继续向前闯进……"

这样的开头，由惊人的事情说起，听众为之惊叹。

使用突兀语言，不仅需要大量的知识作为语言的支撑，更为重要的是要掌握使用方法。一般来说，突兀语言的出现，是为了增强语言的效果，使听众在"陌生化"的语言环境中感受你说话的魅力，因此，运用突兀而起的方法要注意与后面的内容配合得当，否则给人一种头重脚轻、"吊胃口"的感觉。

节奏适中有助于听众的理解

听语言出色的人说话是一种艺术的享受。这是因为他们在演讲时，抑扬顿挫，就像一个优秀的指挥家，将语言的节奏当做一首优美的交响乐随意指挥，随心所欲地演奏出扣人心弦的乐曲。

如果想要成为有优秀的演讲者，就要了解语言的节奏有哪几种，同时按照这些节奏来不断地进行练习的话，每个人都能成为优秀的演讲家。

第一，高亢的节奏。它能营造出威武雄壮的效果，这种节奏演讲者发出偏高的声音，同时语气的起伏较大，高亢的节奏能产生强烈的感染力和鼓动性能够使听众热血沸腾，这样的节奏适合于叙述一件重大的事件，宣传重要决定及使人激动的事。

第二，低沉的节奏。这种节奏和高亢的节奏正好相反，它是为了营造一种低沉、庄严的气氛，通常使用较低的声音，低缓、沉闷，语流偏慢，语气压抑。大都在一些郑重的环境中应用，用于悲剧色彩的事件叙述，或慰问、怀念、吊唁等。

第三，凝重的节奏。它介于高亢和低沉之间，声音适中，语速适当，重点词语清晰沉稳，比较中庸。这种节奏每个字都要重音来读，为了体现出一种一字千钧的感觉，在对于一些问题发表议论，或者再做一些到的演讲时比较常用。

第四，轻快的节奏。这种节奏是大部分演讲常用的，这样的演讲节奏比较适合大众，容易使人们产生融入感，日常性的对话、一般性的辩论，都可以使用这类型的节奏。

第五，紧张的气氛。紧张的节奏，通常运用比较快的语速来表达，往往带有一种迫切、紧急的情绪。每句话之间没有长时间的停顿。其目的是为了引起听众的紧张感和注意力，用于重要情况的汇报，或者是必须立即加以澄清的事实申辩等。

第六，舒缓的节奏。和之前的紧张的节奏正好相反，是一种稳重、缓慢、舒展的表达方式。声音不高也不低，语流从容。给人一种安心悠闲的感觉。一般的说明性、解释性的叙述，学术探讨等类型的演讲都可以运用这种节奏。

值得我们注意的是，不同的节奏有时可以改变一个演讲的性质，作为一名演讲者，根据自身演讲的内容和性质选择合适的节奏，才能达到演讲的效果和目的。

为使更好地掌握说话的节奏，我们可以从科学地运气入手。

气息是声音的原动力，科学地运用运气发音方法可使声音更加甜美、清亮、持久、有力。要达到这个地步，平时要加强训练，掌握腹胸联合呼吸法。其要领是：双目平视，全身放松，喉松鼻通，无论是站姿还是坐式，胸部稍向前倾，小腹自然内收。

吸气方法是：扩展两肋，向上向外提起，感到腰带渐紧，后腰有撑开感。横膈膜下压腹部扩大胸腔体积，小腹内收，气贯"丹田"。用鼻吸气，做到快、静、深。

呼气方法是：控制两肋，使腹部有一种压力，将气均匀地往外吐，呼气时用嘴，做到匀、缓、稳。

这样的呼吸方法可以进气快，到位深，运气长，好控制。可用下列方法练习。

（1）闻花香。好像眼前有一朵花，深深吸进香味，两肋展开，控制一会儿，缓缓送出。

（2）模拟吹掉桌面上的灰尘。

（3）咬紧牙关，从余缝中发出"咝"声，平稳均匀。

（4）数数："1、2、3、4、5、6、7、8、9、10"，循环往复，一口气能数多少就数多少，吐字要清。

（5）数"一个葫芦，两个葫芦"或"一张球拍，两张球拍"，看一口气能坚持多久。

（6）喊人"王刚"、"小胡"。

（7）一口气反复念：吃葡萄不吐葡萄皮儿，不吃葡萄倒吐葡萄皮儿。

（8）一口气诵读一首五言绝句或七言绝句，力求清晰、响亮，有感情。

学会批评提升影响力

金无足赤，人无完人，每个人都不可避免地会犯错误。面对别人的错误，与其大发雷霆，不如换一种能让别人接受的方式进行批评。

你的批评是否成功，很大程度上取决于你采用的态度。没有人喜欢被批评，不要相信"闻过则喜"。一味地指责别人或者简单地说明你的看法，那么，除了别人的厌恶和不满外，你将一无所获。然而，如果你能够让对方感觉到你是来解决问题、纠正错误的，而不仅仅是发泄你的不满，你将会提升自己的影响力。

1. 批评宜在私下进行

被批评可不是什么光彩的事，没有人希望在自己受到批评的时候召开一个"新闻发布会"。所以，为了被批评者的"面子"，在批评的时候，要尽可能地避免第三者在场。不要把门大开着，也不要高声地叫嚷，好像要让全世界的人都知道。此时，你的语气越温和越容易让人接受。

2. 不要很快进入正题

不要一上来就开始你的"牢骚"，尽量先创造一个和谐的气氛。做错事的一方，一般都会本能地有种害怕被批评的情绪，如果很快地进入正题，被批评者很可能会产生不自主的抵触情绪。即使他表面上接受，却未必表明你已经达到了目的。所以，先让他放松下来，然后再开始你的"慷慨陈词"。记得有句话说得很好——Kiss and Kick（吻后再踢），这样才能达到比较好的效果。

3．对事不对人

批评时，一定要针对事情本身，不要针对人。谁都会做错事，做错了事，并不代表他这个人如何如何。错的只是行为本身，而不是某个人。一定要记住：永远不要批评"人"。

4．你要找到解决问题的办法

当你批评别人的同时，你必须要告诉他怎么做才是正确的。这才是正确的批评方法。不要只是"指手画脚"，一定要让他明白：你不是想追究谁的责任，只是想解决问题。而且，你有能力解决。

要有自己独特的风格

如果你想成为谈话高手，那么，你必须有某种独特的地方，以便引起人们的注意，或者使人们容易记住你。你可以利用自己的长相，如椒盐色胡须或者一绺红胡子，但是这远远不够的，那只能帮助你引起人们的注意。除非你碰巧是有伟大人物的那种超凡的魅力，否则你必须培养自己讲话的风格，这才是使你让别人永远不忘的最好方法。

发展自己讲话的风格对你是特别有利的。在美国依阿华州，锡格尼市的凯欧库克旅馆是方圆几十里的流动推销员最爱去的地方，他们不管远近都想到那里去投宿。为什么呢？因为那里的店老板，人称"快乐的韦勒"，是一位笑口常开的人。他对谁都能说上几句好听的话，自从人们认识他这么多年以来，从来没有听到他对谁说过一句不顺耳的话。韦勒有他与众不同的地方，说话有他自己独特的风格。后来他成功了，成为当地有名的富翁。

　　记住，你谈话的风格，你与别人交谈的方式，都能为你的名声和你的成功作出重大的贡献。如果你对下级讲话趾高气扬，甚至有鄙视的口吻，那下级就会怨恨你。如果你对上级讲话过于谦恭，他们就可能认为你缺乏能力或者没有骨气，不敢委你重任。你讲话的风格，不仅仅是你使用词汇的问题，而且是你使用词汇的方式方法的问题，从中也能反映出你的态度和修养。但欲达到这一点，你不要试图去模仿别人，也不要试图去表现不属于你的风格的东西。常常有人总想模仿别人，尤其是想模仿那些所谓的成功者或知名人士的举止行为，那就是为什么生搬硬套者失败的原因。

　　学习别人是件好事，但不能去模仿别人的风格或说话的口吻，这种道理是很简单的，不用多解释，谁都会明白。就像那种喝了大量酒的人，他隐瞒不了自己喝了酒的事实，因为人们一闻就明白了。你在谈话的时候，表现出自己自然的风格是上策，要努力发展你自己的独特风格，而不是去发展别人的独特风格。有些人，当他们与别人谈话时，认为自己有必要装腔作势，或者戴上一副假面具。有些人试图表现得过于友善，有的时候甚至表现出媚态。有些人急功近利，就像做电视商业广告一样。这些人的失误在于他们表现的都不是他们自己的本色，这样，别人自然不会买他们的账。你要记住我就是我，你看到的我是什么样我就是什么样，不管你喜欢不喜欢，但你总会相信同你谈话的那个人是真实的我，不是假冒的。无论对也好，错也好，你总会真诚地对待每一个人。

说话要培养创造能力

善于说话的人，应该不断扩大自己思考的范围，不断充实自己的知识，但更重要的，是培养自己的创造能力。否则，如果只是茫然地模仿别人，那么根本不会增加我们的知识，实在是徒劳无益。

根据人生哲学的观点，开拓自己的道路，使自己成为一个能思考、能创造的人，这样的生命才会更有意义。我们在训练自己的说话胆量时，尤其要培养自己的创造能力。

有不少人偏爱"死读书"的方式，可能是看别人这么做，便一味模仿；也可能认为这是一种用功学习的好办法。虽然死读书比完全不读书要好一点，但这实在不是一种良好的方法。事实上，我们在读一本书的时候，只是把作者早就想过的事情，重新加以描绘一遍而已。所以，我们看别人写的书，或听人家报道的事情，或看电视上人家的表演，等等，都只是一种被动地接受。在这些时候，我们根本没有动脑筋去思考。

因此，如果我们整天光看一些自己喜欢的书，欣赏一些令人哭笑不得的电视节目，那么，我们脑中的棱角就会越来越平，且会慢慢地失去自己的思想，一味地跟着书的作者和电视演员的思路思考下去。

记得有位著名作家曾说过："当你看别人写的回忆时，只不过是让作者的思想在你脑中溜过去而已。"此可谓一言中的。所以，我们应该只把他人的想法当做参考。否则，自己就会是一个每天骑马、坐车的人，不知道用自己的脚走路。

在我们阅读他人所写的书时，正确的方法应该是，对其内容加以质疑、反驳，或回想一下自己平时的思考，看与书中的内容是否异同，等等。如能每读一书，都进行比较、质疑，刺激大脑，因而形成自己对事物的独特看法，这样可以说学习就成功了。如果做不到这样的话，只是一本书又一本书地、一遍又一遍地接受别人的思想，毫无自己的看法，那将是徒劳无益的。只是把别人的思想放入脑中，会让脑部拥塞起来，反而没有一点空间能容纳自己的思想了。

当我们阅读他人的作品时，不免会对作者的美妙文句、描写方式、修辞手法及幽默情调等大加赞赏，并产生共鸣。但是，如果我们依葫芦画瓢，照搬照套别人的词句与风格，那么是绝对成不了作家的。相反，如果我们通过接触他人的作品，使自己受到刺激，并借此把自己脑中的潜在意思表现出来，诉诸文字，那就可以不断培养自己的思考能力。当然，一开始我们的想法和表达方式都可能是幼稚、拙劣的，但它完全是通过自己的大脑加工出来的，具有很强的独立性。当我们发现根据作者的想法，可以创造出自己的思想时，那么看他人的东西，对我们来说，就具有真正的价值了。

能否培养出说话的信心与魅力也是如此。

假使我们心中有个固定的崇拜的"善辩者"类型，但如果我们完全学习对方的语言、说话方式，以至于开头、内容、结构、结尾全部与他如出一辙，可能也会造成一点趣味性，博人一笑，但那完全是听众在笑我们崇拜的人的东西，而不是我们自己的东西。不管我们模仿的是哪个名人的说话、演讲方式，说得有多像、多好，但听众只会在一开头的时候笑一笑，渐渐就会感到索然无味，难以忍受，并可能以勉强而虚伪的掌声请我们下台。

是否具有创造能力，是检测一个人智力发展水平的一个标志，是一个人事业能否成功的重要因素之一。同时，说话信心和魅力的培养也无疑离不开在学习过程中的创造能力。至少，我们在学习说话时，如果有更多属于自己的思想，心里也会踏实一些，而这种心理上的踏实，本身就是一种胆量。

恰当措辞提升感染力

要想在谈话中提高自己的影响力，使用什么样的词语很重要。实际上，针对不同的人挑选不同的词汇，是一个很重要的谈话技巧。恰当地使用词汇有以下几个方面需要注意。

1. 空谷回音

这里所说"空谷回音"，就是使用对方所说的词汇，对方刚刚说的某个术语、俚语或是口头语，你可以马上把它用在自己说的话里面，这会让对方感到很亲切。尤其是对于一些术语或是俚语，使用对方所说的词能够表现出对对方极大的支持和肯定。

如果对方说："我喜欢这个LOGO！"你听了以后可以说："哦，这个LOGO确实非常有创意。"这时候你和对方使用了同一词汇——LOGO。如果你说："这个标志确实很好看。"那么你的话虽然对方也能够理解，但是就不如用LOGO让对方听起来顺耳。实际上，对于有多种表述或名称的同一事物，你应当留意对方所采用的表达方式，尽量和对方用同一种词语表达，这会大大增加你谈话的效率和你的亲和力。

2. 感官用词

你要把握好不同感官偏好的人对于不同的词汇也有偏好。不同类型的人所习惯使用的感官用词是不同的，对于他的偏好你要在倾听对方说话时多多留意，当你发现对方的感官偏好时，就可以在你说话的措辞上尽量使用对方所习惯用的那些词汇类型。

例如，对方的话中经常出现"看上去"、"观点"等词汇，你可以凭借这些词汇确定对方倾向于视觉型，那么你就可以在以后的谈话中多使用视觉型的词汇，不光是"看上去"、"观点"，还可以用其他的视觉型词汇，例如，"观察"、"反映"，等等。感官用词一般是比较隐蔽的，需要你非常敏锐地去发现，同时如果你能使用和对方同类型的感官用词，对对方所产生的影响也是隐蔽的，对方听你说话会觉得非常顺耳，却说不出为什么。

3. 习惯用语

习惯用语俗称口头禅，是一个人习惯性使用的词汇。例如，有些人喜欢说"无所谓"，或者"太棒了"、"太背了"、"很酷"、"没意思"，等等。口头禅有一些是时尚的流行语，也有一些是非常具有个人色彩的。不管是什么样的习惯用语，如果你想提升自己的影响力，就可以在和对方说话的时候主动使用它，甚至你可以使用得比对方还要频繁。这种亲切和亲密的感觉会令对方很惊喜，因为你和对方的习惯用语一样，对方会认为你们俩的观念、性格、生活都比较相近。

4. 避免使用的词汇

有一些词汇在谈话中要尽量避免出现。例如"可是"、"就是"、"但是"，这些表示转折意义的词语。当你要表达不同意见的时候，尽量不要说它们，因为这些词意味着对对方观点的否定。

在与求异型的人谈话时，要尽量避免说一些表示绝对意义的词，如"一定"、"肯定"、"百分之百"、"绝对"，等等。因为求异型的人喜欢挑毛病，如果你说的话过于绝对，他们会不由自主地在内心或是口头上表示质疑。为了不引起对方的反感，避免争执，你要想提升自己的影响力的话，说话时可以尽量使用比较中性的词语，不要把话说得太满。

词语的选择同样需要敏锐的洞察力，尤其是对于对方话语中的语言细节要多加留意。

5. 说话要简洁

有些人叙述一件事情，为了卖弄才华，极力地修饰他们的语句，用重复的形容词，或学西方语言独有的倒装句法，或穿插些歇后语、俏皮话，甚至引用经典、名人语录，使别人往往摸不清他在说些什么。

有些人在说话时，东拉西扯，缺少组织和逻辑，也使人有不知所云的感觉。如果你要提升自己的影响力，只要在说话时记住要说得简洁扼要就行了。在话未说出口时，先打好一个腹稿，然后再按照次序一一说出来。

具有影响力的幽默大师林语堂曾戏称：演讲要像女人的裙子，越短越好。不仅演讲如此，说话也是一样，简洁的话语常能让人有意犹未尽、余音绕梁之感。冗长而又索然无味的说话，不但无趣，还会让人觉得像老太婆的裹脚布，又臭又长，啰啰唆唆，使听者昏昏欲睡。

6. 语句不要重叠使用

有些人会说："为什么、为什么？"答应别人一件事，说一个或最多两个"好"字已经够了，但有些人却说"好好好好……"，或是说"再见再见"。其实你要提升自己的影响力，在用重叠句子的时候，除非是要特别引人注意，或加强力量时才用得着。

7. 同样的名词不可用得太多

有一个人解释月球上不可能有生物存在这个问题时，在几分钟内，把"从科学上的观点来说"一语运用了二三十次，无论什么新奇可喜的名词，多用便会失去它动人的价值。王尔德说："第一次用花来比喻女人是最聪明的人，第二次再用的人便是愚蠢了。"人谁不好新鲜，我们虽不必拘泥王尔德所说的那样，每说一事，就要创造一个新名词，但把一个名词在同一时期中重复使用，是会使人厌倦的。

此外，注意不要用同样的形容词来形容不同的事物。

真诚的赞美铭感肺腑

只有被别人接受，你才可能用自己的影响力去影响他人，而赞美恰恰是让别人接受你的最好方式。

赞美别人，就仿佛是用一支火把照亮了别人的生活，同时也照亮了自己的心田，有助于发扬被赞美者的美德和推动彼此友谊健康地发展，还可以消除人际间的龃龉和怨恨，最关键的是你能接近对方，而后才能去影响他人。

对年轻人不妨语气稍为夸张地赞扬他的创造才能和开拓精神；对于有地位的干部，可称赞他为国为民、廉洁清正；对于知识分子，可称赞他知识渊博、宁静淡泊……当然这一切要依据事实，切不可虚夸。

在赞美别人的时候一定要情真意切，虽然人人都喜欢听赞美的话，但并非任何赞美都能使对方高兴。虚假的赞美会引起别人的反感。例如，当你见到一位其貌不扬的小姐，却偏要对她说："你真是美极了。"对方立刻就会认定你所说的是虚伪之至的违心之言。但如果你着眼于她的服饰、谈吐、举止，发现她这些方面的出众之处并真诚地赞美，她就一定会高兴地接受。

真诚的赞美不但会使被赞美者产生心理上的愉悦，还可以使你经常发现别人的优点，从而使自己对人生持有乐观、欣赏的态度。毕竟，每天都抱着感恩的心情生活是很美好的。

赞美别人时不妨采取翔实具体方法。人们有非常显著成绩的时候并不多见，更多时候人们都是默默无闻的平凡人。因此，交往中应尽量从具体的事件入手，善于发现别人哪怕是最微小的长处，并不失时机地予以赞美。赞美用语愈翔实具体，说明你对对方愈了解，对他的长处和成绩愈看重。让对方感到你的真挚、亲切和可信，你们之间的人际距离就会越来越近。如果你只是含糊其辞地赞美对方，说一些"你工作得非常出色"或者"你是一位卓越的领导"等空泛虚浮的话语，就可能会引起对方的猜疑，甚至产生不必要的误解和信任危机。

赞美要合乎时宜。赞美的效果在于见机行事、适可而止，真正做到"美酒饮到微醉后，好花看到半开时"，这样你才能有影响力。

当别人计划做一件有意义的事，开头的赞扬能激励他下决心作出成绩，中间的赞扬有益于对方再接再厉，结尾的赞扬则可以肯定成绩，指出进一步的努力方向，从而达到"赞扬一个，激励一批"的效果。

最后要说，锦上添花固然好，雪中送炭更可贵。俗话说："患难见真情。"最需要赞美的不是那些早已功成名就的人，而是那些因被埋没而产生自卑感或身处逆境的人。他们平时很难听到赞美的话语，一旦被人当众真诚地赞美，便有可能振作精神，大展宏图。因此，最有实效的赞美不是"锦上添花"，而是"雪中送炭"。

此外，赞美并不一定总用一些固定的词语，见人便说"好"，有时，投以一个真诚赞许的目光、做一个夸奖的手势、送一个友好的微笑，也能收到意想不到的效果。

巧用恭维话博取他人欢心

爱听恭维话是人的天性。当你听到对方的吹捧时，心中就会产生一种莫大的优越感和满足感。恭维话是博得人心的好方法，只要说到点子上，就能深入人心，与人打交道共事就轻而易举了。

窃国大盗袁世凯，日夜觊觎着图谋已久的皇位。有一次竟在白天进入梦中。一位丫环正好端来参汤，准备供袁世凯醒后进补，谁知不慎将玉碗打翻在地。丫环自知大祸临头，吓得脸色苍白、浑身打战。因为这只玉碗是袁世凯在朝鲜王宫获得的"心头肉"，过去连皇帝也不愿用来孝敬，现在化为碎片，这是杀身之祸。罪是无论如何也逃不脱的了。正当那位丫环惶惶不安时，袁世凯醒了，他一看见玉碗被打得粉碎，气得脸色发紫，大吼道："今天我非要你的命不可！"

丫环连忙哭诉着："不是小人之过，有下情不敢上达。"

袁世凯骂道："快说快说，看你编什么鬼话！"

丫环道："小人端参汤进来，看见床上躺的不是大总统。"

"混账东西！床上不是我，能是啥？"

丫环下跪道："我说。床上……床上……床上躺着的是一条五爪大金龙！"袁世凯一听，以为自己是真龙转世，要登上梦寐以求的皇帝宝座了，顿时一股喜流从心中涌起，怒气全消了，情不自禁地拿出五十两黄金为丫环压惊。

丫环在生死存亡关头，通过一句恭维妙语，不仅免了杀身之祸，还得到了对方的奖赏。正是情急之下的恭维之语，迎合了窃国大盗袁世凯的"皇帝梦"的心理，才使这丫环由祸转福，变危为安；倘若她不能投其所好，只是听天由命的话，眼前就只有死路一条了。

恭维话人人爱听，你对人说恭维话，如果恰如其分适合其人，他一定会十分高兴，对你更有好感。最怪的是，越傲慢的人，越爱听恭维话，越喜欢接受别人的恭维。有的人义正词严，说自己不受恭维，愿听批评，其实这只是他的门面话，你如果信以为真，毫不客气地率直批评他的缺点，他心里一定不会高兴。表面上虽然未必有所表示，内心却是十分恼火，对于你的感情，只有降低，绝不会增进。

每个人都有希望，年轻人寄希望于自身，老年人寄希望于子孙。年轻人自以为前途无量，你如果举出几点，证明他的将来大有成就，他必定会很开心，引你为知己；你如说他父亲如何了不得，他未必感兴趣，至多你说明他是将门之子了，把他与他的父亲一齐称赞，才对他的胃口。但是老年人则不然，他自己历尽沧桑，几十年的光阴，并未达到预期的目的，他对自己，不再十分相信，不再有十分希望，他所希望的，是他的子孙。你如果说他的儿子，无论学问能力，都胜过他，真是个可造之才，虽然你是抑父扬子，当面批评他，他不但不会怪你，而且会十分感激你，口头上虽连连表示不敢当，内心里却认为你是慧眼识英雄。可见说恭维话时对于对方的年龄，应该要特别注意。

对于商人，你如果说他学问好、道德好、清廉自守、乐道安贫，他一定不高兴。你应该说他才能出众、手腕灵活，现在红光满面，发财即在眼前，他听了才高兴。对于官吏，你如果说他生财有道，定发大财，他一定不高兴，你应该说他为国为民、一身清正，他才听得高兴。对于文人，你如果说他学有根底，笔上生花，思想正确，宁静淡泊，他听了一定会很高兴。总之，一句话，他从事什么职业，你说什么恭维话。

利用好交际中的黄金短语

在浩如烟海的俗成语言中，有一些是人们常用，又对人际交往起着重要作用的短语，若能在适当场合适当地使用，会给我们带来意想不到的良好效果。这些短语简洁明了、通俗易懂，充分体现了语言文明的基本形式。在人们交往过程中，如能经常使用，就可以避免许多不必要的误会和摩擦。它们也是人际关系和谐的润滑剂。

下面收录的是当代社会里用得最多，也是最有效果的黄金短语。

1. "早上好"

无论你昨天多么累，在今天早上起来后，在这新的一天里，都要精神抖擞地向你周围的人道一声"早上好"，特别是对你的老板和同事。

问一句"早上好"就是要打破从昨天下班以后到今天早上一直处于停顿状态的同事关系，重新开始新的一天的人际关系，因此，对别人说"早上好"是很有必要且是一个严肃的行为。

"早上好"是一句问候语，是亲善感、友好感的表示，更是一种信任和尊重。"早上好"一旦说出了口，双方就有了亲切、友好的意愿，彼此间的距离便缩短了，既增进了信任，还沟通了关系。

当然，除了"早上好"之外，平日里，相互见面时叫"你好"、"再见"也能起到与"早上好"一样的良好效果。

2. "请"

在西方国家，几乎在任何需要麻烦他人的时候，"请"都是必须挂在嘴边的礼貌语。如"请问"、"请原谅"、"请留步"、"请用餐"、"请指教"、"请稍候"、"请关照"，等等。频繁使用"请"字，会使话语变得委婉而礼貌，是比较自然地把自己的位置降低，将对方的位置抬高的最好的办法。

3. "谢谢"

生活中，我们要常说"谢谢"两个字。道一声"谢谢"，看似平常，却能引起人际关系的良性互动，成为交际成功的促进剂。人际交往里有一个"黄金法则"，内容是"你如何对待别人，别人也会以同样的方式给予回报。"

向别人表示你的感谢是一个积极而有意义的举动。因为这是一种感恩的心态和行为。感恩是一种良好的心态和奉献精神。若你能对别人的帮助表示一下谢意，彼此的关系就会因此而发生变化，彼此间的距离也缩短了，感谢也开始产生呼应和共鸣。

千万不要忘了你身边的人，你的家人，你的朋友，你的老板，你的同事，他们是了解你和支持你的，说出你对他们的谢意，并用良好的心态回报他们吧，这样，他们就会给予你更多的信任、支持和帮助。

对他人的道谢要答谢，答谢可以用"没什么，别客气"、"我很乐意帮忙"、"应该的"来回答。

4. "对不起"

说声"对不起"，生活更容易。

有一句话说得好："智者千虑，必有一失。"一个人再聪明能干，也会有犯错误的时候。人在做了错事之后，往往有两种截然不同的态度：一种是拒不认错，找借口为自己辩解开脱；另一种是坦诚承认错误，向大家说声"对不起"，并勇于改正，找出解决的途径。

道歉是一件很细节的行为，但又是让很多人忽视的动作。然而，有了过失与错误，就应该及时道歉，说声"对不起"。"对不起"是消除后遗症的"定心丸"，说得越及时越好，说得越真诚越好。道歉既是尊重别人，也是尊重自己，不但能弥补过失，还能增进情谊，化解危机。

学会说"对不起"，看似简单，但它的效用，非别的字眼可以比拟。"对不起"能使强者低头，使怒者消气，使说者更加成熟。

5. "我不知道"

对自己不知道的事情，坦率地说不知道。这样反而更容易赢得别人的尊重。孔子曾说过："知之为知之，不知为不知，是知也。"这启示我们，当我们真的不知道时，不妨直言"我不知道"。在现实生活中，许多人不愿意说出"我不知道"这四个字，认为这样做会让别人轻视自己，令自己没有面子。其实，效果正好相反。

平时动不动就说"我知道"的人，一般都是不善于与他人交往和不受人喜欢的人；而敢于说出"我不知道"的人，则是一种具有智慧的人，因为但凡有智慧者，都有勇气承认"没有人会知道一切事情"这个事实。

"我不知道"是一种动力，让我们不断学习，不断进步，赢得尊重，获得成就。

6. "这是我的错"

当我们犯了错误时，当我们的行为对集体或他人造成损失时，除了说声"对不起"外，还可以立刻真诚地对大家或受损人说声："这是我的错。"

一个人犯了错误并不可怕，怕的是不承认错误，不弥补错误。在承担责任的态度上，勇敢说出"对不起"和"这是我的错"极其重要。松下幸之助认为，偶尔犯了错误无可厚非，但从处理错误的态度上，我们可以看清楚一个人。每一位老板都欣赏那些能够正确认识到自己的错误，并及时改正错误以补救的职员，勇敢地说出"这是我的错"吧。

7."我喜欢你"

人是自己的一面镜子，你越喜欢自己，你也就越喜欢别人。当你越喜欢别人时，你也就越容易与对方建立起良好的友谊基础。通常，要想让别人听从你的建议，要让别人乐意帮助你，首先就是喜欢你这个人。要别人喜欢你，首先你要喜欢对方。

"我喜欢你"是乔·吉拉德用得最好的一句简洁的话。每个月他都至少给13000个老主顾寄去一张问候卡片，而且每个月的问候卡片的内容都在变化，唯一在卡片正面打印着的信息没有变过，那就是"我喜欢你"。

每个人都希望别人喜欢自己、接受自己，只要是善意的，我们何妨向对方说出"我喜欢你"呢？

8."×××"（对方的名字）

喊出对方的名字，这是建立人际关系的捷径。

人们常常忘记别人的名字，但是，若有谁因为不把自己放在眼里而记不住自己的名字，我们就会感到不痛快啦。记住别人的名字是一件非常重要的事情，忘记别人的名字简直是不能容忍的无礼。记住别人，对你的人际关系的打造至关重要，因为能够热情地叫出对方的名字，从某种程度上表现了对对方的重视和尊重，好感便由此而生。

每个人都很愿意别人叫自己的名字，因为熟人见面时往往都会叫出对方的名字。记住别人的名字和面孔，你就能赢得别人的好感。

实话要巧说，坏话要好说

在生活中，人与人之间交流是避免不了的，同时说话的双方彼此都希望对方能对自己实话实说。但在某些特定的场合下，如顾及面子、自尊，以及出于保密等，实话实说往往会令人尴尬、伤人自尊，因此，实话是要说的，却应该巧说。那么该如何才能巧妙地去表达呢？如何才能说得既让人听了顺耳，又欣然接受呢？在这里介绍几点，谨供参考。

1. 由此及彼肚里明

两个人的意见发生了分歧，如果实话"实说"直接反驳就有可能伤了和气，影响团结。这个时候就需要我们采取这种方法，因为这样可能会避免一些麻烦。有这样一个例子：

一次事故中，主管生产的副厂长老马左手指受了伤被送往医院治疗，厂长老丁来病房看望时，谈到车间小吴和小齐两个年轻人技术水平较强，但组织纪律观念较差，想让他们下岗一事。老马当时没有表态，只是突然捧着手"哎哟哎哟"大叫。丁厂长忙问："疼了吧？"老马说："可不是，实在太疼了，干脆把手锯掉算了。"老丁一听忙说："老马，你是不是疼糊涂了，怎么手指受了伤就想把手给锯掉呢。"老马说："你说得很有道理，有时候，我们看问题，往往因注重了一方面而忽视了另一方面啊。老丁，我这手受了伤需要治疗，那小吴和小齐……"老丁一下子听出老马的"弦外之音"，忙说："老马，谢谢你开导我，小吴和小齐的事我知道该怎么处理了。"

老马用手有病需要治疗类比人有缺点需要改正，进而巧妙地把用人和治病结合起来，既没因为直接反对老丁伤了和气，而且又维护了团结，成功地解决了问题。实在是高！

2. 抓心理达目的

这就是要抓住人的心理，运用激将的方法，进而达到自己真正的目的。

一位穿着华贵的妇女走进时装店，对一套时装很感兴趣，但又觉得价格昂贵，犹豫不决。这时一位营业员走过来对她说，某某女部长刚才也看好了这套时装，和你一样也觉得这件时装有点贵，刚刚离开，于是这位夫人当即买下了这套时装。

这位营业员能让这位夫人买下时装，是因为她很巧妙地抓住了这位夫人"自己所见与部长略同"和"部长嫌贵没买，她要与部长攀比"的心理，用激将的方法进而巧妙地达到了让夫人买下时装的目的。

3. 藏而不露巧表达

运用多义词委婉曲折地表明自己要说的大实话。

林肯当总统期间，有人向他引荐某人为阁员，因为林肯早就了解到该人品行不好，所以一直没有同意。一次，朋友生气地问他，怎么到现在还没结果。林肯说，我不喜欢他那副"长相"。朋友一惊道："什么！那你也未免太严厉了，'长相'是父母给的，也怨不得他呀！"林肯说："不，一个人超过四十岁就应该对他脸上那副'长相'负责了。"朋友当即听出了林肯的话中话，再也没有说什么。

很显然，这里林肯所说的"长相"和他朋友所说的"长相"，根本不是一回事。林肯巧妙地利用词语的歧义性，道出了"这个人品行道德差，我不同意他做阁员"这句大实话，既维护了朋友的面子，又达到了自己的目的。

巧说话易获得别人的好感

通常那些社交关系广泛的人都是言谈灵活又吸引人的人，如果你想关系广、好办事，你必须广拉关系，赢得人们的好感。所以，掌握如何在谈话中赢得人们的好感就非常有必要。

1. 表达善意的关心

当受到他人关心时，只要这份关心不会伤到自己，一般人往往不会拒绝。尤其是能满足自尊心的关怀，往往立即转化为对关怀者的好感。

满足他人自尊心最佳的方法就是善意地建议。对方是女性时，仅说"你的发型很美"，只不过是句单纯的赞美词；若是说"稍微剪短点，看起来会更可爱"，对方定能感受到你对她的关心。若是能不断地表示出此种关心，对方对你必然更加亲切信任。

2. 表明缺陷，赢得关注

每当百货公司举办"瑕疵品贱卖会"，必然造成人潮汹涌的盛况。为什么"瑕疵品"也能激起人们的购买欲呢？这是因为百货公司敢于表明商品具有瑕疵因而降价。而实际上，一丁点的瑕疵根本遮掩不了你本人的光辉。

之所以如此说，是因为坦率地暴露缺点，反而使人对你正直、诚实的作风留下深刻的印象，而此种诚实、正直往往能转变成别人对你的信赖，自然你也就大受其益了。

但是暴露自己的缺点并不是毫不保留地将所有的缺点都暴露出来，如此做，反而使人认为你是个毫无可取之处的人，因而丧失了你的信用。

暴露的缺点只要一两个就可以了，可使他人难以将这一两个缺点和你的其他方面联想在一起，因而产生其他方面毫无缺点的感觉。"这个人有点小缺点，但是其他方面挑不出毛病来，是个相当不错的人！"类似上述的想法就能深深植入他人的心中。

3．要记住对方所说的话

一位心理学家应邀至某地演讲时，不料主持人却问他："请问先生的专长是什么？"他颇为不高兴地回答："你请我来演讲，还问我的专长是什么？"

招待他人或是主动邀约他人见面，事先多少都应该先收集对方的资料，此乃一种礼貌。换句话说，表现自己相当关心对方，必然能赢得对方的好感。

记住对方说过的话，事后再提出来做话题，也是表示关心的做法之一。尤其是兴趣、嗜好、梦想等事，对对方来说，是最重要、最有趣的事情，一旦提出来作为话题，对方一定会觉得很愉快。例如在面试时，不妨引用主考官说过的话，定能使主考官对你另眼相看。

4．及时指出对方的微小变化

一般情况下，做丈夫的都不擅长对妻子表示出自己对她的关心。比方说，妻子改变发型时，明明觉得"看起来年轻多了"，却不说出口，使妻子心里不满，觉得丈夫不关心自己。

不论是谁，都渴求拥有他人的关心。而对于关心自己的人，一般都具有好感。因而，若想获得对方的好感，首先必须积极地表示出自己的关心。只要一发现对方的服装或使用的物品有些微小的改变，不要吝惜你的言辞，立即告诉对方。例如：同事打了条新领带时，"新领带吧！在哪儿买的？"像这样表示出你的关心，绝没有人会因此觉得不高兴。

另外，指出对方与往日不同的变化时，愈是细微、不容易被发现的变化，使对方高兴的效果就愈大。不仅使对方感受到你的细心也感受到你的关怀，转瞬间，你们之间的关系就会远比以前更亲密。

5. 呼叫对方的名字

欧美人在说话时，常说："来杯咖啡好吗？史密斯先生。""关于这一点，你的想法如何？史密斯先生。"频频将对方的名字挂在嘴边。此种作风往往会使对方涌起一股亲密感，宛如彼此早已相交多年。其中一个原因就是，他感受到对方已经认可自己了。

在我们的社会里，大部分人不习惯或者不愿意直呼别人的名字。但是，借着频频呼叫对方的名字来增进彼此的亲密感，并不失一种好方法啊！

6. 提供对方关心的"情报"

提供别人关心的情况，首先可以引起别人的兴趣，这是非常有必要的。为做到这一点，你可以把别人的名片当成是记事本。

与其说这样是为了整理人际资料或是不忘记对方，倒不如说是为下一次见面做准备。也就是说，将对方感兴趣的事物记录下来，再度见面时，自己就可以提供对方关心的"情报"作为礼物。

即使只是见过一次面的人，若能记住对方的兴趣，在第二次、第三次见面时，不断地提供这方面的知识或是趣事，借此显示出自己对对方的兴趣很关心，必然会使对方产生很大的好感。

或许有些人会认为此种做法太过于功利主义，但事实上并非如此。怀有一定的功利目的不假，但对别人的关心就未必不真诚。若以长远的目标来衡量，此种做法能成为表现自我的有力武器，可以延续对方对自己的好感和信任。

别人郁闷时多说理解的话

最近几年流行一个词：郁闷。就是说，碰到了不顺心的事情，心情不好。人生在世，十有八九的事情都不是一帆风顺的，因此也经常会碰到正处在郁闷中的人。多说理解的话，对郁闷之人来讲是最好的安慰。

要想对郁闷的人说些理解的话，首先要弄清他为什么郁闷。如果不知道原因，随便安慰一气，就可能火上浇油。有这样一则笑话：

有一个妈妈带着她的小宝贝外出游玩，在火车上哄着她的宝宝。
有一个乘客很好奇的把头凑过来看了看就说："哇！好丑的宝宝！"
妈妈听了好难过，就一直哭，一直哭。
后来车子停在某个小站，上来一些新的乘客。
有一个好心的乘客看她哭得这么伤心，就安慰她说："你为什么哭得这么伤心呢？凡事都要看开点，没有解决不了的事情嘛！好了，好了，不要再哭了。我去帮你倒杯开水，心情放轻松点嘛！"过了一会儿，那个乘客真的倒了一杯水给她说："好了，别再哭了，把这杯水喝了就会舒服点，还有这根香蕉是给你的猴子吃的。"这位妈妈听了，差点哭晕过去。

笑话里面的那位好心的乘客还没有弄清那位母亲为什么哭，就随便安慰一通，当然会驴唇不对马嘴，甚至还给人火上浇油。所以说，首先应该知道别人郁闷的原因，然后对症下药，才能说出真正理解人的话，达到安慰的目的。

小罗是一名大学生，他很喜欢一个女同学。大家都知道这个女同学跟一个家里很有钱的男生非常暧昧，就经常劝小罗一定要小心。但俗话说"当局者迷，旁观者清"，小罗一直说那女同学告诉他了，她跟那个男生只是一般的朋友关系。

这种状态维持了半年，突然有一天晚上，小罗垂头丧气地回了宿舍，什么也不说就躺到床上。晚上熄灯很久了他还在那儿辗转反侧。第二天大家问他怎么回事，小罗伤心地说那个女孩昨晚约他出去，说从来没喜欢过他，自己现在是别人的女朋友了。

大家听了七嘴八舌地教训小罗，说他早就应该听大家的劝，弄到今天是活该。只有小王默默地听着。午饭的时候他把小罗约到一个饭馆，拿了两瓶啤酒，一边吃一边聊。小王告诉小罗，他自己也碰到过类似的事情，所以非常理解他。他告诉小罗，自己当时也是很难走出那种心灵的痛苦，幸好一个学心理的同学告诉他多出去走走，多跟人交往，不要把自己封闭起来，他照着做了之后，才在较短时间里恢复了过来。他劝小罗重新拾起信心，面对生活，好女孩多的是，不一定非要指着一个不爱自己的要。

小罗听了他的话，精神稍微振奋了一些。此后他积极地参加集体活动，加上大家也都热心帮助，很快就恢复了乐观的生活状态。

虽然家家都有本难念的经，但是如果能够互相理解，尤其是能够设身处地地站在别人的立场上想事情，那么别人就会把你当成真心朋友，赞赏你、信任你，在你郁闷的时候也会真心地理解你，说一些让你宽心的话，人际关系的局面不是会就此大大地好起来了吗？

得体的幽默最能取悦人心

得体的幽默最能取悦人心，人际交往中，离不开幽默的大力相助。因此幽默称得上是一个具有亲和力的"形象大使"。因为，很多工商业界高阶层的负责人，都运用幽默力量来改变他们的形象，甚至改善大家对整个公司的看法。每一阶层的领导人和经理人在人事的甄选与训练上，也转而向幽默来求助。

例如，有家公司为主管们安排了有关"沟通"的教育训练课程。

上了一星期课之后，有位主管在责备老是严重迟到的一个部属时，挖空心思，想在骂他的时候又能保住他的面子。

后来，他把这个部属找来，面带笑容地对他说："我知道你迟到绝对不是你的错，全怪闹钟不好。所以，我打算定制一个人性化的闹钟给你。"

这个主管对部属挤了挤眼睛，故作神秘地说："你想不想听听它是怎么人性化的？"下属点点头。

"它先闹铃，你醒不过来，它就鸣笛，再不醒，它就敲锣，再不醒，就发出爆炸声，然后对你喷水。如果这些都叫不醒你，它就会自动打电话给我帮你请假。"

有一次，美国329家大公司的行政主管，参加一项幽默意见调查。

由一家业务咨询公司的总裁霍奇先生主持此项调查，发现：

97％的主管人员相信，幽默在商业界具有相当的价值；

60％的人相信，幽默感能决定一个人事业成功的程度。

在《芝加哥论坛报》里工商专栏的作家那葛伯，访问了参与调查的几位主管人员，而后整理出几位高级经理人员的意见：

克雷夫特公司总裁毕尔斯，认为幽默感对于主管人员十分重要。"它是表示一个主管具有活泼、弹性的心态的重要指标。"毕尔斯说，"这样的人通常不会把自己看得太严重，而且比较能做出好的决策。"

还有一家公司的总裁，从创造和谐快乐的同事关系的观点来看幽默感，"这是一个基本原则，"他说，"就是你若能做些自己引以为乐的事情，那么你会是一个较好的老板，或较好的属下。"

幽默正被越来越多的人所应用。

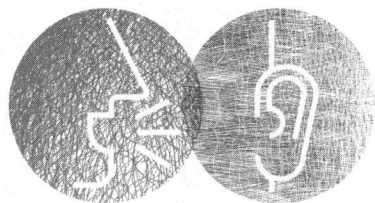

Part4 说话懂禁忌，沟通才顺利

避免表意不明引歧义

人说话的目的就是要让别人听懂自己，理解自己。一个人之所以开口说话，令人清楚明白是最基本的要求，如果说的话别人听不懂，语言不准确或者意思表达不清楚，就不能反映出自己的现实面貌和思想实际，听者也就不能理解和接受，结果不仅会给自己带来不少麻烦，甚至还会引起无法挽回的误会。

"二战"期间，由于德军经常空袭伦敦，所以英国空军总是保持高度警惕。在一个浓雾漫天的日子，伦敦上空突然出现了一架来历不明的飞机，英国战斗机立即升空迎击，到飞临对方时，才发现这是一架中立国的民航机。

英国战斗机向地面指挥部报告了这一情况，请求指示。地面指挥部回答："别管它。"于是，英国战斗机发出一串火炮，把这架民航机打落了。后来，英国为此支付了一笔巨额赔偿才了事。

在这一事件中，英国地面指挥人员和战斗机驾驶员都负有不可推卸的责任。首先是地面指挥部，不该用"别管它"这样语义不明的言辞来回答。这既可以理解为"别干涉它，任它飞行"，也可以理解为"甭管它是什么飞机，打下来再说"。其次是战斗机驾驶员的责任，在听到这种可做完全相反理解的命令后，他应该再次请示，然后再采取行动。

这样就不致铸成大错了。

在遇到这种存在歧义的言辞时一定要慎重处理，切勿模糊不清，否则它会成为你与人沟通的障碍，甚至会得罪人。例如在一所公司中，人事流动是正常的，对一个高明的部门主管来说，当有人走了以后，他要做的事情应该是如何通过自己的语言影响力来稳住留下来的人。但是，有很多部门主管并不注意这一点。

某公司的部门经理手下有6名职员。有一天，两名职员提出辞职，这位经理感到很不安，他对留下来的4名职员说："那些精明能干的人都走了，我们的将来真是前途未卜！"显然，这句话得罪了留下来的4名职员，会使部门的气氛更加紧张。

也许这位部门经理对留下来的4名职员并无贬低之意，可是由于他的不准确表达，使这4名职员心理上产生阴影，在日后的工作中，肯定会产生对抗情绪。

一个说话准确的人，总可以准确、流利地表达出自己的意图，也能够把道理说得很清楚、动听，使别人很乐意接受。当然，说话能够做到雅俗共赏是最理想的，那将使你拥有更多听众。但无论如何，为了准确传达你的信息，应尽量避免说那些会使人误会的言辞。

下面3点能够让我们尽快掌握避免表达不清的方法。

（1）从语言上来讲，说话要通俗易懂。例如涉及某些专业问题时，如果听者不是专家学者，应改用浅显、平易、朴实的语言，少用专业术语，更不可咬文嚼字，故作高深。如果听者是具有较高文化素养的人，语言可以稍微文雅些，让自己的谈吐适应他们的水平。

（2）少说套话，最好直入主题，清晰明确地表达自己的意见。但不要为了省话而只说简短的语言，以免让别人产生误会。

（3）经常朗读优秀的文章，练习写作，以修炼自己的语言组织能力；在说话前深呼吸，仔细思考所说之言的顺序，避免发言时逻辑思维混乱。

勿在别人面前话不休

嘴巴能安慰一个人，也能伤害一个人。当你管不住嘴巴，没完没了地自说自话时，你就如同一只苍蝇一样，令倾听者感到厌烦，你将很难给任何人留下好印象。

一百多年以前，美国著名的罗克岛铁路公司打算建一座大桥，把罗克岛和达文波特两个城市连接起来。当时，轮船是运输小麦、熏肉和其他物资的重要工具。所以，轮船公司把水运权当成上帝赐予他们的特权。一旦铁路桥修建成功，自然也就断了他们的财路。因此轮船公司竭力对修桥提案进行阻挠。于是，美国运输史上最著名的一个案子开庭了。

时任轮船公司的辩护律师韦德，是当时美国法律界很有名的铁嘴。法庭辩论的最后一天，听众云集。韦德站在那儿滔滔不绝，足足讲了两个小时。

等到罗克岛铁路公司的律师发言时，听众已经显得非常不耐烦了。这正是韦德的计谋，他想借此击败对手。然而，大令韦德意外的是那位律师只说了一分钟——不可思议的一分钟，这个案子就此闻名。

只见那位律师站起身来平静地说："首先，我对控方律师的滔滔雄辩表示钦佩。然而，陆地运输远比水上运输重要，这是任何人都改变不了的事实。陪审团，你们要裁决的唯一问题是，对于未来发展而言，陆地运输和水上运输哪一个更重要？"片刻之后，陪审团做出裁决，建桥方获胜。那位律师高高瘦瘦，衣衫简陋，他的名字叫做亚伯拉罕·林肯。

韦德之所以用两个小时滔滔不绝，既是为了炫耀自己的口才，也是存心在拖延时间，好让林肯在发言的时候让听众感到厌烦。但是他不仅错估了听众厌烦的剧烈程度，而且也低估了对手林肯的机智反应。这样一来，相比较林肯的言简意赅，韦德的慷慨陈词不但没能加深陪审团的印象，反而越发显得惹人生厌。

如何以最简单的语言表达最清楚的意思，是说话的一个难题。在推销中这方面也显得尤为突出。当一个素不相识的推销员向你推销时，你一般都不会轻易接受，如果他喋喋不休，则更加令人难以忍受。所以言简意赅是谈话时需要特别注意的原则。

著名推销员克里蒙·通说："起初，我一直试着向每一个人推销。我赖在每一个人面前不走，直到把对方烦得累垮。而我在离开他之后，也是筋疲力尽。"很显然，这样做的效果对于推销业绩无所助益。

后来，克里蒙·斯通决定："并不一定要向每一个我拜访的人推销保险。如果推销的时间超过预定的长度，我就要转移目标。为了使别人快乐，我会很快地离开，即使我知道如果再磨下去他很可能会买我的保险。"

谁知这样做竟然产生了奇妙的效果，克里蒙·斯通的订单竟然与日俱增。因为有些人本来以为他会磨下去的，但当他愉快地离开他们之后，他们反而会来找他，并且说："你不能这样对待我。每一个推销员都会赖着不走，而你居然不再跟我说话就走了。你回来给我填一份保险单。"

任何人都不喜欢别人喋喋不休地向自己宣传，也不希望对方夸夸其谈，毫不在意自己的感受。在有些场合，你在发表自己的言论时，其实决定权在对方的手中，因为他是受众，当他肯定了你的言论，你说的话才是有效可行的。

喋喋不休只会让人心烦，对你失去信任与耐心，由此产生强烈的逆反心理，所以如果你经常啰唆不已，就要记得提醒自己不要去浪费别人的时间。

且莫大嗓门和乱回答

谁也不能否认，说话是一门高深的艺术，一段话出自演讲家的口中和出于一个没有文化的人口中，对受众所产生的效果绝对是不一样的。因为演讲家懂得用最适当的语速、最优美的声调、最清晰的语音来吸引听众。

一个真正会说话的人，不仅要把自己的言辞修饰好，其表达方式也是经过锤炼的。大凡能够吸引人的对话或演讲，通常都是充斥着智慧和活力的，这产生于说话者很好的表达能力。所以，如果你的声音足够优美且富有活性，可以使人对你产生极美好的幻觉，它能在你疲倦时让别人感到你仍"精力旺盛"，能在你70多岁时还使人觉得你仍然"年轻"。

声音的质感是天生的，即使先天的条件使你无法拥有优美的声音，但你也一定要学会如何让语言抑扬顿挫。声音优美、停顿有力并不够，我们还要把握好说话时的音量。什么情况该用多大的声音说话，吐字清不清晰，这也都决定了我们的语言是否能够感染别人。

在某次会议上，因发电影票问题，引起与会者的不满。有几个人怒气冲冲地来到会务组兴师问罪。会务组组长是位语言心理战老手，他向对方解释时的声音越来越小，嘴巴也越来越靠近对方的耳朵，最后简直就是贴在对方的耳朵上说悄悄话。对方的脸色也由阴转多云，多云转晴，最后，组长拍拍对方的肩膀，亲热地问了一句："明白了吧？"对方点了点头，微笑着告辞了。事后，有人询问组长："组长，您跟他说了些什么，这么见效？"组长的回答令人大吃一惊："其实我什么也没说！""那对方为什么消了怒气呢？""我跟他说话的方式使他消了气。"

中国有句俗话说：有理不在声高。如果你天生就是大嗓门，那就只有尽量降低自己的音量，每个人的耳朵都有一定的承受能力，并不是人人都想听你在一旁打雷。倘若你是因为气愤而大声怒吼，那么生气也是于事无补，对方也未必惧怕你；如果你很有礼貌地说话，反而会使对方感到自己有失风度。

说话就是这样有趣且难以掌握的艺术，如果你能够尽数掌握这些本领，相信什么难以开口的语言，在你的口中都会变成一篇优美的文章。掌握以下 5 点方法会给你带来更多的帮助。

（1）要注意重音，使自己的声音充满活力。即根据表情达意的需要，把重要的音、句或语意强调说出，使说话者的思想感情表现得清楚明晰，以引起听者留意并加深他们的印象。

（2）不可千篇一律。要想声音活泼生动，首先得遵照呼吸原则，如果一句话非常长，那么就要断句说。

（3）声音色彩是感情色彩的外部体现。一个人说话的声音色彩浓烈，很容易感染他人。不过运用声音色彩进行表达时，却不能采用简单的见喜用喜声、见怒用怒声的"对号入座"的办法。

（4）说话时要注意语音停顿。恰当地处理语言交流中的停顿，不仅是表达说话意图的需要，而且是增强语言表现力和精确性的需要，是有声语言表情达意的必要手段。

（5）声音适度，语速适中。说话不能太大声，这样会产生共振效果，令人听不清楚。因此应训练你自己，说话时声音要清楚，快慢合度。

别让恐惧扼住了喉咙

千万不要小看恐惧对一个人谈吐的影响。至少有90%的人，在公众环境发表讲话时，都会产生恐惧和紧张感，出现各种表达不清晰、不恰当的情况。所以千万别让恐惧扼住我们的喉咙。

恐惧是阻碍人说话达到预期效果的重要因素。我们常常可以听到："我的老师在每堂课上都喜欢提问。无论何时被叫到，我都会口干舌燥。如果是一对一闲谈，我会稍微感觉好一点，但仍然紧张。"

"没有比求职更糟的了。在等待会见时，我总是冒冷汗，额头布满汗珠，腋窝也湿了。还没进办公室就这副样子！"

是什么使这些恐惧落在我们的身上？简单来说，每个人都想获得尊重、招人喜爱。可信和令人喜爱是实现自如说话的两个重要因素，几乎每个人都想从这两点中获益。不管我们已有多少，永远也不会觉得足够。为了这两样东西，人们就会不自觉地产生紧张感，这种紧张感的出现源于以下两种心理因素。

第一种，不想献丑。这些人的想法是，一旦在众人面前说话，自己的粗浅根底、拙劣看法都会暴露出来，那么从此以后，哪还有自己的立足之地？所以，不说话或少说话更稳妥。

不过，持有这种想法的人应该想一想，一个人尽量不暴露自己的短处，相对的，其长处也就无法尽显出来。其实只要你认真地发挥全力，诚诚恳恳地把话说出来，相信必会有不错的表现。

第二种，不知道该如何组织说话的内容，所以会感到惊惶。有的人产生此种感觉是先天原因：如生来性格内向，他们说话低声细语，见到生人就脸红。还有一些教育不当的因素也在其中：儿童时期因长辈不加引导，孩子见到生人或到了陌生的地方，便习惯性地害羞、躲避，没有自信心。等到长大之后，便羞于与人接触，更羞于在公开场合讲话。

害怕当众讲话，没有谁会是特例。可以毫不夸张地说，人人都可能在说话前后或说话过程中出现紧张、恐惧心理，即便演说专家、能言善辩者也不例外。世界上没有天生的演说家。

大凡闻名全世界的成功推销员、演说家并非一开始就对说话习以为常，无所畏惧。一名成功的推销员很可能在历经多次失败之后才建立起说话的勇气，著名的演说家也是从无数次演说经验中才掌握了演讲的技巧，才能赢得满堂彩。所以，第一次尝试总是比较艰难，但是一回生、二回熟，熟悉之后就能泰然处之，游刃有余。

提供一份"勇气修炼秘籍"，会让你快速进入说话的最佳状态。

（1）关于如何克服当众怕羞的心理，卡耐基的意见是："你要假设听众都欠你的钱，正要求你多宽限几天；你是神气的债主，根本不用怕他们。"所以，树立自信是客服恐惧感的第一步。你要这样认为，当你开口说话时，听众当中有人相信你的能力，相信你对议题有十分精通的判断。

（2）抓住机会努力练习口才。只要是不会让你感到紧张的场合，你都可以练习，甚至你可以选择一块石头作为听众。然后循序渐进地把家庭成员、亲近的朋友，然后是任何人当成练习的对象。

（3）主动营造说话的气氛。如果在与别人说话时的气氛好，或者当时所谈论话题人人感兴趣，那么人们的谈话兴致便高，回应的速率也会很快，这样就避免了自说自话的尴尬，无形中减少人在发言时的恐惧感。

（4）效仿名人的谈吐方式，可以学习他们发言的风格。

（5）身体克服恐惧法。多进行深呼吸式的减压练习以及放松摆臂练习，来减少精神引发的肌肉紧张感。只要人的身体放松，说话就会慢慢变得流畅。

"两只耳一张嘴"的法则

许多人喜欢让别人听他说话，却不太喜欢听别人说话，如果你在无意中也存在这样的情况，那么请记得，上帝给了我们两只耳朵一张嘴。我们有权说话，他人也一样，当你要求他人倾听你时，你也要懂得倾听他人。

例如在求职就业中，大多数人常犯的最大错误就是高谈阔论，普遍缺少倾听的耐心，很可能因此失去工作的机会。

有一合资单位的经理到某大学去招聘职员，他对二十多名大学生进行了反复核查，从中挑选出了三名大学生进行最后的面试。其中有两名大学生在经理面前，夸夸其谈，提出一大堆的建议和设想。而另一名学生则与他们相反，在面试时，一直耐心倾听经理的见解和要求，很少插嘴，只有当经理询问时，他才回答，而且很简练，在面试结束时，他委婉地说道："我很重视您的要求，也非常赞同您的见解。如果我能被录用的话，还望您今后多多指导。"三天后，这位善于倾听的大学生接到了录用通知，而那两位夸夸其谈者则被淘汰了。

在推销中常有这样的现象：如果推销员在推销产品时，70%的时间是他在讲话，顾客只能得到30%的讲话时间。这样的推销员业绩平平。而顶尖的推销员，早就总结出了一条规律：如果你想成为优秀的推销员，建议你把用于听和说的比例调整为2：1，70%时间让顾客讲话，你倾听；30%时间自己用来发问、赞美和鼓励他说。这就是"两只耳朵一张嘴"法则。

在与别人交谈时，如果你发现自己的耳朵快关闭了，那么请当机立断，闭上嘴巴。谈吐不一定总能让你受到尊敬，而耐心倾听总是会轻易为你赢得别人的青睐。以下是4点需注意的地方。

（1）不要说个没完。当对方脸上露出不太愉快的表情时，你应知道是到了你该闭嘴的时候了。

（2）多做性格修炼。平时看书、饮茶，都是修养心性的好方法，这些事情会让你变得更加有耐心，有助于说话时能安静下来聆听别人。

（3）尽量克制自己打断他人的习惯。有效且巧妙的打断会让你找回正题，而无礼的打断只会让你名誉受损。

（4）配合对方的谈话。经常用感叹词或肯定词来肯定和赞美他人的话，这也是倾听的方式，还能为你赢得他人的欢心。

避开他人的隐私问题

每个人都有不想让大家知道的事情，也就是说每个人都有自己的隐私。与人相处中，要极力避免谈论别人的隐私，否则就会使你人格受损，缺乏修养，甚至破坏你与他人的和睦关系。

避免谈论别人的隐私，一是不可在谈话中拐弯抹角地打听别人的隐私，二是不可知道了别人的一点点隐私就到处宣扬。宇宙之大，谈资无所不有，何必非要以他人的隐私当做谈资呢？

对待别人的隐私，要切忌人云亦云，以讹传讹。首先你要明白，你所知道的关于别人的事情不一定确凿无疑，也许另外还有许多隐情你不了解。要是你不加思考就把所你听到的片面之言宣扬出去，难免不颠倒是非，混淆黑白。话说出口就收不回来，事后你完全明白了真相时才后悔不已，但此时已经在同事之间造成了不良的影响。

如果有人在谈到某同事时说"我只跟你说"，对这样的话你可别太当真了。

假使你对某同事不具好感，按捺不住对上级说："这些话只跟您提而已……"这样随意地大发议论，正中上级下怀，你所说的话会立刻传入该同事的耳中。

对于造谣中伤，大多数人都是深恶痛绝的。而对于隐私方面的流言蜚语，虽然大多数人也表示厌恶和排斥，但不少人总爱在不知不觉中加入进去。

一句"今天我看见业务科的小赵在咖啡厅和一个年轻姑娘坐在一起"经过无数人的嘴，传到最后时会变成"业务科的小赵在咖啡厅和一个漂亮姑娘搂搂抱抱，可亲热呢！"甚至说那姑娘还是本公司的××小姐。实际上呢，小赵只不过是在咖啡厅同妹妹商量搬家的事。

事实上，人与人之间的关系相当复杂，你如果不知内幕，就不可信口雌黄，以免招惹是非。

现实生活中有一种人，专好推波助澜，把别人的隐私编得有声有色，夸大其辞地逢人就说，人世间不知有多少悲剧由此而生。你虽不是这种人，但偶然谈论别人的隐私，也许你无意中就为别人种下祸患的幼苗，其不良后果并非你所能预料到的。

要是有人向你说某人的隐私，你唯一的办法就是，像保守你自己的秘密一样，不可做传声筒，并且不要深信这片面之词，更不必记在心上。说一个坏人的好处，旁人听了最多认为你是无知；把一个好人说坏了，人们就会觉得你存心不良。

人们好说女人最爱谈论别人是非，其实男人当中也不乏这种人。如果你茶余饭后要找谈话的资料，那天上的星河、地上的花草，无一不是谈话的好题目，真的不必一定要说东家长，西家短才能消遣时间。

要是同事能将自己的隐私信息告诉你，那说明你们之间的友谊肯定要超出别人一截，否则她不会将自己的私密全盘向你托出。

要是同事在别人嘴中听到了自己的秘密被曝光，不要说，她肯定认为是你出卖了她。被出卖的同事肯定会在心里不止千遍地骂你，并为以前的付出和信任感到后悔。因此，不随意泄露个人隐私是巩固职业友情的基本要求，如果这一点做不好，恐怕没有哪个同事敢和你推心置腹。

尽量避开私人问题，也别议论公司里的是非长短。你议论别人没关系，用不了几个来回就能"烧"到你自己头上，引火烧身，那时再"逃跑"就显得很被动。

避开别人的地域禁忌

我国地域广阔，方言习俗各异。一个规模较大的单位，不可能只由本地人组成，一定还会有各地的同事，要特别注意这点。不同的地方，语言习惯不同，自己认为很合适的语言，在其他不与你同乡的同事听来，可能很刺耳，甚至认为你是在侮辱他。

小齐是西北某地区人，而小秦是北京人。一次两人在业余时间闲聊，谈得正起劲，小齐看见小秦头发有点长了，就随口说："你头上毛长了，该理一理了。"不料小秦听后勃然大怒："你的毛才长了呢！"结果两人不欢而散。

无疑，问题就出在小齐的一个"毛"字。小齐那个地方的人都管头发叫做"头毛"，小齐刚来北京时间不长，言语之中还带着方言，因此不自觉地说了出来。而北京却把"毛"看做是一种侮辱性的骂人的话，无怪乎小秦要勃然大怒了。

还有许多其他的语言习惯，如北方称老年男子叫老先生，但如果上海嘉定人听来，会当是侮辱。安徽人称朋友的母亲为老太婆，尊敬她，而在浙江，称朋友的母亲为老太婆那简直就是骂人了。各地的风俗不同，说话上的忌讳各异。在与同事交往的过程中，必须留心对方的忌讳话。一不留心，脱口而出，最易伤同事间的感情。即使对方知道你不懂得他的忌讳，情有可原，但至少你还是冒犯了他，在双方的友谊上是不会有增进的，因此应该特别留心。

各地的风俗习惯不同，所以各地的习俗也形形色色，五花八门。因此，当我们在和外地人交谈时，首先就要了解一下该地域的文化背景，尤其是当地的禁忌，以免在洽谈中使用了不恰当的语言，触犯了他们的忌讳，从而引起不必要的误会，甚至妨碍了有效的人际交流。

比如，到内地来投资的香港商家很多，他们说话时都爱讨个吉利，所以，我们在与港商进行洽谈，当地认为不吉利的话就不要说。像"四"与"死"谐音，在他们面前说"四"就会犯忌讳。他们对六、八、九这三个数字颇有好感，因为听起来很像大吉大利的"禄发久"。掌握了这一点，你讨价还价时，不妨向他们讨个吉利。

到饭店去用餐，吃猪舌可千万别直呼其名。因为"舌"与"蚀"同音，"蚀"即亏本。与港商一起用餐，你若说："点个炒猪舌"，他们肯定会觉得不快。而平时，他们总是称猪舌为"猪利"或"赚头"。

"金利来，男人的世界"——这句广告词可谓家喻户晓，令"金利来"领带风靡神州。殊不知，它也曾有过被消费者拒之门外的经历呢。

"金利来"，原名是意大利文的意译——"金狮"。有一天，"金狮"有限公司董事长曾宪梓先生，将两条"金狮"领带送给一个亲戚，亲戚一脸不高兴地说："我才不戴你的领带呢。金输金输，什么都输掉了。"原来，粤语中，"狮"与"输"读音相近。为了避免犯这个忌讳，曾先生当晚一夜未眠。冥思苦想，绞尽了脑汁，终于想出了万全之策。

他将 GOLD 依然意译为"金",却将 LION 音译为"利来",即"金利来"。这个名字体现了曾先生对消费者的文化传统、风俗习惯以及消费心理的尊重。终于使"金利来"之个名字一叫即响,人见人爱。可见,只有"入乡随俗"的商业活动,才能真正抓住顾客的消费心理。

说话必须避免的坏习惯

人们在日常说话时,由于场合简单,人员熟悉,所以随意性过大,难免存在一些不好的说话习惯。这些不好的习惯在一定范围的小圈子内无伤大雅,有时还能增进彼此间的关系,但是如果放到一个正式场合,这些不好的习惯就可能给你带来负面的影响。以下几点将提醒我们说话的坏习惯给我们在表达上带来的不便,进而指出我们应该采取的方法。

1. 是否使用鼻音说话

用鼻音说话是一种常见且影响极坏的缺点,当你使用鼻腔说话时,你就会发出鼻音。如果你使用大拇指和食指捏住鼻子,你所发出的声音就是一种鼻音。在电影镜头里,如果演员扮演的是一种喜欢抱怨、脾气不好的角色,他们往往使用的就是鼻音的说话方式。如果你使用鼻音说话,当你第一次与人见面时,就很难吸引他人的注意。你听起来像在抱怨、毫无生气、十分消极。不过,如果你说话时嘴巴张得不够,声音也会从鼻腔而出。当你说话时,上下齿之间最好保持半寸的距离。鼻音对于女人的伤害比对男人更大,你不可能见到一位不断发出鼻音,却显得迷人的女子。如果你期望自己在他人面前具有极大的说服力,或者令人心荡神移,那么你最好不要使用鼻音,而应使用胸腔发音。

2．改变过于尖的声音

当我们受到惊吓或者恐惧时，当我们大发脾气时，当我们呼唤孩子时，往往会提高嗓门，发出一种尖叫的声音。女人尤其如此，这也许是因为她们整日面对着无数的刺激。尖锐的声音比沉重的鼻音更加难听难受，也许人们老远听见你的声音就避而远之。你可以通过镜子发现自己的这一缺点，你说话时脖子是否感到紧张？血管和肌肉是否像绳索一样凸出？下颚附近的肌肉是否看起来明显紧张？如果出现上述情形，你可能就会发出像海鸥一样的声音。

3．克服讲粗话的毛病

任何事情，一旦形成习惯，就会自然地发生。讲粗话也是同样的道理。一旦沾上讲粗话的恶习，往往是出口不雅，自己还不知道。

（1）要认识到讲粗话是一种坏习惯，是不文明的表现，从思想上强化克服这种习惯的动机。实践表明，动机越强烈，行动越迅速，效果越明显。

（2）找出自己出现频率最高的粗话，而后以最大的决心将其改正。可以通过改变讲话频率，每句话末停顿一下，讲话前提醒自己等办法，改变原有的条件反射。改掉了出现频率最高的粗话，克服其他粗话也就简单了。

（3）要有实事求是的思想准备。冰冻三尺非一日之寒，要克服说粗话的恶习当然也要一些时间，操之过急只能越改越多。

（4）请别人督促。由于有时自己讲了粗话还不知道，那么就有必要请人对自己进行监督。当然，这里的"别人"最好是了解自己的人，这样督促起来可以直截了当。

4．克服说话"结巴"的毛病

"结巴"是口吃的通称。口吃就是说话时字音重复或词句中断的现象。有些人在运用语言进行交流时会出现"结巴"的情形。其实，"结巴"产生的原因是多方面的。

"结巴"对于极个别的人来说是一种习惯性的语言缺陷，是一种病态反应，他们也被称为口吃患者。要想治愈他们的"结巴"，除药物治疗外，更重要的是去除他们的心理障碍。对待他们，首先不可取笑，更不能以此逗乐。其次要努力创造条件，不断变换方式，消除其自卑心理，培养其说话的兴趣。例如，我们可以有意识地和他们交谈，态度要和蔼，放慢速度，耐心倾听，不时加以赞赏。可以请他们说一些亲身经历或耳闻目睹的事，这样会增强他们说话的信心。

另外，有口吃的人不能消极地一味依靠外部力量，还要不断地训练自己。日本前首相田中角荣少年时代就是口吃患者，为了克服这个缺陷，他常常朗诵，慢读课文，为了发音准确，就对着镜子纠正口形，后来他成了一个著名的政治家、演说家。有口吃的人不妨试一试田中的方法，只要坚持不懈并保持良好的心态，相信一定会产生好的效果。

5．把握说话的速度

即使是一些职业演说家或政治家，有时也不容易把握好自己说话的速度，如果你说话太快，别人就听不懂你在说些什么，而且听得喘不过气来。如果太慢，人们就会根本不听你说，因为他们缺乏一种耐心。适当的说话速度约为每分钟120～160个字之间，当我们朗读时，其速度要比说话快。而且说话的速度不宜固定，你的思想、情绪和说话的内容会影响你表达的快慢。说话中把握适度的停顿和速度变化，这会给你的讲话增添丰富的效果。

为了测量自己说话的速度，你可以按照正常说话的速度念上一段演讲词，然后用秒表测出自己朗读的时间。如果你说话的速度每分钟不到110个字，那说明你说话的速度需要调整，否则，你最适合的工作就是去当保姆了，因为你很快就会令人入睡。

6. 铲除"口头禅"

在我们平常与人讲话或听人讲话之时，经常可以听到"那个、你知道、他说、我说"之类词语，如果你在说话中反复不断地使用这些词语，那就是口头禅。口头禅的种类繁多，即使是一些伟大的政治家在电视访谈中也会出现这种毛病。

有时，我们在谈话中还可以听到不断的"啊"、"呃"等声音，这也会变成一种口头禅，请记住奥利佛·霍姆斯的忠告——切勿在谈话中散布那些可怕的"呃"音。如果你有录音机，不妨将自己打电话时的声音录下来，听听自己是否出现这一毛病。一旦弄清自己的毛病，那么在以后与人讲话的过程中就要时时提醒自己注意这一点，当你发现他人使用口头禅时，你会感到这些词语是多么令人烦躁，多么单调乏味。

7. 停止过于频繁的动作

检查一下自己，你是否在说话时不断出现以下动作：坐立不安、蹙眉、扬眉、歪嘴、拉耳朵、摸下巴、搔头皮、转动铅笔、拉领带、弄指头、摇腿等。这都是一些影响你说话效果的不良因素。当你说话时，听众就会被你的这些动作所吸引，他们会看着你的这些可笑的动作，根本不可能认真听你讲话。

在你讲话时，完全可以自我提示，一旦意识到自己出现这些多余的动作，赶紧改正。

8. 运用有风度的言辞

风度是一个人涵养的外在表现，说话风度是一个人内在气质的言语表现。增强自己说话魅力的一个重要途径就是增加自己说话的风度。一个说话有风度的人，会令人仰慕不已、倾心无比。正如德国戏剧家莱辛所说："风度是美的特殊再现形式。"

孔子说："文质彬彬，然后君子。"风度正是外在语言和内在气质的恰当配合。首先，风度是一种品格和教养的体现。如果一个人没有高尚的道德情操，没有一定的文化修养，没有优雅的个性情趣，其说话必然是粗俗鄙陋、琐碎不雅。其次，风度是一种性格特征的表现。比如性格温柔宽容、沉静多思的人，往往寥寥无句的轻声细语就能包含浓烈的感情成分；而粗犷豪放、性情耿直者，则说话开门见山、直来直去。再次，风度是涵养的一种表现。这主要表现在处理人际关系时，不卑不亢，雍容大度。最后，风度是一个人说话的遣词造句、语气腔调、手势表情等的综合表现。如法官在法庭说话时，往往会正襟危坐、不苟言笑、咬文嚼字、逻辑缜密。

说话的风度是多种多样、丰富多彩的。洋洋洒洒、侃侃而谈是风度，只言片语、适时而发也是风度；谈笑风生、神采飞扬是风度，温文尔雅、含而不露也是风度；解疑答难、沉吟再三是风度，话题飞转、应对如流也是风度；轻声慢语、彬彬有礼是风度，慷慨陈词、英风豪气也是风度。每个人在培养自己的说话风度时，应根据自己的性格特征、情趣爱好、思维能力、知识结构等有所选择。另外，同样一个人，在不同的场合、不同的环境下，其说话的风度也是有所不同的。比如教师在课堂上讲课与在家里跟家人闲聊时，就会表现出两种相差甚远的风度。

说话的风度是人的一种自然特色，是与时代相吻合的。我们反对脱离时代追求风度；我们也反对脱离自己的个性、身份去讲究风度。任何东施效颦、搔首弄姿、没有个性的说话都毫无风度可言。

由上述言论我们应该看到，是风度决定了语言的高度和延续程度。跟一个完全没有风度的人说话，就正应了"话不投机半句多"的老话。所以，培养良好的谈吐风度对于每个人来说都很重要。

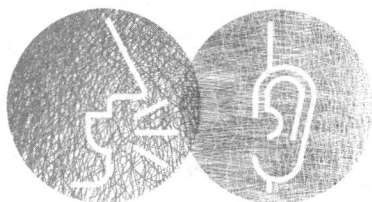

Part5 不会说话，你怎么做管理？

怎么说话能够平息下属的怨气

作为领导，如何才能让下属消解心中的怨气，而又不失自己作为上司的尊严与威信呢？

1. 主动自责

人非圣贤孰能无过，领导也有犯错误的时候，办错事不妨主动承认自己的错误，这样不但能让员工消解怨气，还能让自己树立威信。

彭德怀任国防部长的时候，有一次到东海前哨的一个炮兵阵地。负责同志对敌方情况掌握不透，惹得他心里很不高兴。后来又发现弹药库竟然修在阵地前沿，禁不住大发其火，扬言要将团长"撤职，送军法处"。说得团长憋了一肚子的怨气。吃晚饭的时候，彭总司令叫身边的同志把团长找来，说："我今天又说错了话，不该说把你撤职，送军法处。其余的都对，你认为不对的，可以批评我，不能赌气不吃饭啊。"

彭总司令主动向团长承认自己说错了话。其实，从工作出发，他的火是发对了，理和势都在这一边。但是从部队团结、官兵关系着想，他的"我今天又说错了话"的自责，无疑给广大官兵留下了严格自律的印象，从而激励官兵提高军事素质，始终保持常备不懈的清醒头脑。作为国防部长，他的自责不仅当时消解了那位团长的怨气，给那位团长留了台阶，还给所在部队留了台阶。这个台阶不是让其下去了事，更重要的是下了台阶之后的发奋努力。

可见，当下属因为你过激的批评而心怀怨气时，如果能主动找到下属，作真诚的自责，就能有利于在对方本已紧凑的心理空间辟出一块"缓冲地带"，让命令得以执行，工作能够顺利地开展下去。因为这能使员工感觉到你的关怀和体贴。

2. 晓以利害

某市无线电厂由于长期亏损，债台高筑，濒临破产。这天，该市电视机厂对无线电厂实行有偿兼并的大会在无线电厂举行。上千名职工感到耻辱，坚决反对兼并，愤怒的人群争吵着，吼叫着，吹口哨，鼓倒掌，场面十分混乱。

这时，电视机长的吴厂长，扯大嗓门对陷入失控状态的人群喊道：

"我告诉你们一个事实：到下个月工商银行的抵押贷款就要到期，无线电厂马上就要破产，上千名职工就要失业！难道你们愿意这个具有几十年历史的我市唯一的收录机专业生产厂家破产吗？难道我们厂上千名职工情愿失业，重新到社会上待业吗？请问，谁能使无线电厂不破产？谁能使上千名职工不失业？是能人，请站出来说话，有高招，请拿出来！你们反对兼并，拿出主意来！"

愤怒的人群开始静下来，他面对着上千双翘首以待的眼睛，接着说：

"我吴某人不是资本家，是国家干部。就我个人而言，叫我兼并无线电厂，我才不干呢！我又何必自讨苦吃？可我是共产党员，看到国家受损失，我于心不忍啊！"

这时有人站起来说："我要问你，你能保证我们不失业，无线电厂不破产吗？"

吴厂长说："有些同志对我不信任，这是可以理解的，因为不了解嘛。请大家放心，从并厂后第一个月起，如果再亏损，由我吴某人负责。

我和大家同舟共济。如果要下海,我第一个带头跳!至于具体办法,我这里就不说了!"

这时,全场爆发出雷鸣般的掌声。

在当时骚乱的情况下,面对愤怒的人群,训斥制止都不行,婉言相劝想必也不行。这时,吴厂长直言并与不并的利害得失,终于打破了人们的认识障碍,镇住了混乱的场面,又消解了大家的怨气。

上司相对于自己的利益,更应该关心单位的整体利益,而下属却关注自己的切身利益胜过关注整体利益。因此,对下属说话应该常记住"晓以利害"这一技巧,当他们对某件事有与单位上司不同的想法时,作为上司的你就应该明智地对他们作一番权衡利弊的分析,只有让他们觉得你的决定才是真正有利于他们切身利益的时候,他们才会真心地消除不满,转而支持你的工作。

3. 抓住实质

冯玉祥当旅长时,有一次驻防四川顺庆,与一支"友军"发生矛盾。这支"友军"将骄兵惰,长官穿黑花缎马褂、蓝花缎袍子,在街上招摇过市,像当地的富豪公子模样。有一天,冯玉祥的卫士来报:"我们的士兵在街上买东西,他们说我们穿得不好,骂我们是孙子兵。"冯玉祥看到自己穿的灰布袄,便说:"由他们骂去,有什么可气的。这正是他们堕落腐化、恬不知耻的表现!"

为了避免士兵们由于心里不平衡而生闷气,冯玉祥立即集合全体官兵,进行训话:"刚才有人来报,说第四混成旅的兵骂我们是孙子兵,听说大家都很生气,可是我倒觉得他们骂得很对。按历史的关系来说,他们的旅长曾做过20镇的协统,我是20镇 [L14] 出来的,你们又是我的学生,算起来,你们不正是矮两辈吗?他们说你们是孙子兵,不是说对了吗？再拿衣服说，绸子的儿子是缎子，缎子的儿子是布，现在他们穿绸子，我们穿布，因此他们说我们是孙子兵，不也是应当的吗？不过话虽这么说，若是有朝一日开上战场，那时就能看出谁是爷爷，谁是真正的孙子来了！"

几句话把官兵们说得大笑起来，再也不生闷气了。冯玉祥正是抓住了问题的实质，即军队就是比赛打仗的，而不是比赛穿衣服的，因此他把手下人说得心服口服。

当下属心怀怨气的时候，单纯劝导难以起到真正的作用，只有把他们心中的"怨结"打开，才能让他们豁然开朗。而打开"怨结"的关键就是抓住令他们生气的问题的实质，带领他们走出思想的误区。

怎样能留住想辞职的优秀员工

"千金易得，一将难求"，优秀员工的跳槽时常困扰着领导。任何公司都避免不了竞争者的袭击，高素质的员工总是会有工作机会找上门来。

当优秀员工递上他的辞呈时，领导们不见得束手无策，但能把多少人留下来，取决于你对他们得到的工作机会作何反应，即你的反应速度有多快、劝人留下来是否有效。下面的一些建议可供借鉴。

1. 即刻做出反应

如果企业十分想留住这位员工，那就没有什么事比立即对离职做出反应更重要了。领导应该马上放下预定的活动，任何延误，例如"开完会我再和你谈"之类的话，都会使辞职不可挽回。带着紧迫感处理问题有两个目的，首先，向员工表明他确实比日常工作更重要；其次，在员工下决心以前，给领导最大的机会去尝试改变他的想法。

2. 保密消息

绝对封锁辞职的消息对双方都很重要。对员工来说，这为他改变主意继续留在公司清除了一个主要障碍，这个障碍有可能使他在重新决定时犹豫不决。如果其他人毫不知情，他就不必面对公开反悔的尴尬处境。而企业在消息公布以前，能有更大的回旋余地。

3. 倾听员工心声

领导要坐下来和想辞职的员工交谈，仔细聆听，找出辞职的确切原因。从员工身上了解到的情况要原封不动地向上级汇报，即使其中有对领导的微词。还要了解员工看中了另一家公司的哪些方面，是环境更好，待遇更优厚，工作节奏有快慢差异，还是对事业看法发生了根本转变。这些显然是说服员工改变主意的关键。

4. 组织方案

一旦收集到准确材料，领导们应该形成一个说服员工留下来的方案。一般而言，员工因为两个并存的原因而辞职：一个是"推力"，即在本企业长期不顺心；另一个是来自另一家公司的"拉力"，即这山望着那山高。一个成功的挽留方案，应该针对员工产生离职想法的问题，提出切实的解决意见，还要使员工认识到，他对别家公司的种种看法不切实际。

5. 全力求胜

有了仔细规划的策略，就该着手赢回员工了。领导对辞职快速做出反应，就是要让员工从一开始就感到，他的辞职有误会，公司也知道这是个误会，并将全心全意纠正失误。要是合适，公司可以在工作时间之外和他一起用餐，工作所需的各级领导都应参加。如果员工的配偶是其辞职的重要因素，那就请她（或他）也一起参加。

6．为员工解决困难，把他争取回来

如果方案制订及时，又确实能纠正造成员工心猿意马的那些问题，员工可能会改变想法，除非辞职员工确实已对企业深恶痛绝。多数情况下，他们只是不满工作中的某些方面，或不喜欢直接上司。当他们能在别的公司找到工作时，这些问题就被放大了，因为粗看之下，那家公司好像挺能满足相应的要求。通过缓和在本企业的矛盾，突出与那家公司的不同之处，员工往往同意留下来是最佳选择。

7．赶走竞争对手

要让员工同意，给竞争对手打电话，回绝对方提供的工作，他应该坚定不移地表明，不希望再讨价还价或继续商量，他将留在本企业，他的决定是最终决定。让员工用这种方式向竞争对手表明事实，阻止那家公司企图再挖走其他员工。

要不断地肯定和赞扬你的下属

在单位里，大部分人都能兢兢业业地完成本职工作，每个人都非常在乎领导的评价，所以领导的赞扬是下属最需要的奖赏。

首先，领导的赞扬可以使下属意识到自己在群体中的位置和价值、在领导心中的形象。由于在单位，职员或职工的工资和收入都是相对稳定的，人们不必要在这方面费很多心思。因而人们都很在乎自己在领导心目中的形象问题，对领导对自己的看法和一言一行都非常注意、非常敏感。领导的表扬往往很具有权威性，是确立自己在本单位或本公司同事中的价值和位置的依据。

有的领导善于给自己的下属就某方面的能力排座次，使每个人按不同的标准排列都能名列前茅，可以说是一种皆大欢喜的激励方法。比如，小王是本单位第一位博士生；小李是本单位"舞"林第一高手；小刘是单位计算机专家等，人人都有个第一的头衔，人人的长处都得到肯定，整个集体几乎都是由各方面的优秀分子组成，能不说这是一个生动活泼、奋发向上的集体吗？

其次，领导的赞扬可以满足下属的荣誉感和成就感，使其在精神上受到鼓励。

领导的赞扬是下属工作的精神动力。同样一个下属在不同的领导指挥之下，工作劲头判若两人，这是与领导用赞扬的激励方法分不开的。

魏征是唐朝很有才能的一个人，原先魏征侍奉皇太子李建成，因为敢于进谏而不受李建成的欢迎，李建成不仅对他的建议漠然置之，有时候还批评他。李世民掌权后，很器重魏征，为了鼓励魏征直言进谏，唐太宗李世民每次都很虚心地听他献策，并经常赞扬他敢说真话说实话。一次唐太宗赞扬魏征说："夫以铜为镜，可以正衣冠；以古为镜，可以知兴替；以人为镜，可以明得失。我以你这样的良臣为镜，也就不糊涂，少做错事了。"

在唐太宗的赞扬和鼓励之下，魏征至诚奉国，真是喜逢知己之主，竭尽所能，知无不言，先后共陈言进谏二百多件事。后来，魏征怕仅凭进谏参政议政招来事端，想借目疾为由辞职修养，唐太宗为挽留这位千载难逢的良臣，极力赞扬了魏征的敢于进谏，表达了自己的赏识之情，道："您没见山中的金矿石吗？当它为矿石时，一点也不珍贵。只有被能工巧匠冶炼成器物后，才被人视为珍宝。我就好比金矿石，把您当做能工巧匠。您虽有眼疾，但并未衰老，怎么能提出辞职呢？"魏征见唐太宗如此诚恳，也就铁了心跟着唐太宗干一辈子。

再次，赞扬下属还能够密切上下级的关系，有利于上下团结。有些下属长期受领导的忽视，领导不批评他也不表扬他，时日一长，下属心里肯定会嘀咕：领导怎么从不表扬我，是对我有偏见还是妒忌我的成就？于是同领导相处不冷不热，注意保持远距离，没有什么友谊和感情可言，最终形成隔阂。

领导的赞扬不仅表明了领导对下属的肯定和赏识，还表明领导很关注下属的事情，对他的一言一行都很关心。有人受到赞美后常常高兴地对朋友讲："瞧我们的头儿既关心我又赏识我，我做的那件连自己都觉得没什么了不起的事也被他大大夸奖了一番。跟着他干气儿顺。"互相都有这么好的看法，能有什么隔阂？能不团结一致拧成一股绳把工作搞好吗？

最后，对下属的成绩和良好品格的肯定和赞扬，实际上就是对另一种与之相对立的倾向的有力的否定和批评。直接指斥某种倾向的危害，明白地提出某种诫令，不失为一种可行的常规办法。但是平心而论，这只能是一种辅助手段，其效力不会更深远。实际上指出"什么不好"、"不要干什么"，只能解决眼前的问题，因为人的精神和行为不会出现空白，不干这个便会另干那个，而干那个是否正当，可能又是问题。倘若及时向人们说明"什么好"、"应该干什么"、"怎样干"，那就从根本上解决了带有过程意义的问题。所以对于规范下属的行为，肯定、赞扬要比否定、批评来得更为直接。

正是从这个意义上说，榜样的力量是无穷的。下属的活动一般来说，都是自觉地指向上级确定的目标，遵循着上级的规约展开的，主观上是希冀成功、得到奖励的。然而，由于受个人的智力、学识、经验以及种种随机因素的制约，其活动结果不尽如人意甚至出现大的差异也是不可避免的。在失误、败绩面前，下属内心惴惴，上级该作何处置？简单的方法当然是论过行罚。然而，更为远虑的处置应该是宽容。当事人由悚惧而看到希望，日后必然会更加努力工作。

说话要注意自己的身份和地位

领导跟员工在一起时，要适当表明自己的"身份"。在办公室里与员工相处，别人应该一眼就能瞧出谁是员工，谁是领导。如果你不能表现出这一点，给人的印象就可能正好相反，那么，你这个领导就是失败的。

虽然你不必过于矜持，但要让你的员工起码意识到，你是领导。这样，即使是活泼、轻佻的职员也不至于去拍你的肩膀，或拿你的缺点肆意开玩笑。他在你面前会小心谨慎，会看你的脸色行事，当你们一起离开办公室时，他会恭恭敬敬地把门打开，让你先行。

领导要保持自己的威严，在无形中造成员工对你的尊敬之意，会为你的工作顺利开展创造条件，员工会处处——至少在表面上尊重你的意见，当他们执行任务有困难时，会与你商量，而不会自作主张，自行其是。

领导要注意自己的讲话方式。在办公室里跟员工讲话，要亲切自然，不能让员工过于紧张，以便更好地让员工领会自己的意见。但是在公开场合讲话，譬如面对许多员工演讲、作报告，要威严有力，有震慑力。

但不管在哪种情况下，领导讲话都要一是一，二是二，坚决果断，切忌含糊不清。

跟员工交谈，即使员工处于主动，领导听取员工谈话，也切忌唯唯诺诺，被对方左右。如果员工的意见与自己的意见相左，可以明确予以否定，如果意识到员工意见的确是对公司、对自己有利的，则不要急于表态。

多思考少说话，也可以以"让我仔细考虑一下"或"容我们研究、商量一下"来结束谈话。这样，在回去之后，员工不会沾沾自喜，而会更加谨慎，领导也可以利用时间从容仔细地考虑是取是舍，这在无形中增加了领导的权威，总比草率决定的好。

行为是无声的语言。很多员工与领导直接交谈、交往的机会不是很多，他们了解你往往是远远地看到你的一举一动，或通过其他一些材料，员工们会根据每一个较小的事情来判断你。

当你显示自己的身份时，你是将办公室的门敞开还是紧闭，当你走出办公室如何与员工打招呼，你如何接听电话，如何回复来信等，每一个细节都会映入员工的脑中，每一个细节都是向员工们传达了你自身的一份信息。

批评下属的时候需要适可而止

但凡为人处世都要有个"度"，批评下属也是如此。在实际生活中，人们习惯于称度为"分寸"，为人处世要适当、适度，要讲究分寸，过与不及都是应当避免的。作为领导，批评下属时也要注意有"度"。

从质的方面来说，上下级的矛盾属于人民内部矛盾，批评大都要本着"团结——批评——团结"的原则进行，在运用语言的过程中就有一个质的差别问题。

首先，下属是同志不是敌人，批评的目的是要把问题谈透，而不是把下属批臭。因此，虽是批评，词语也要有讲究，切不可气势汹汹，一团杀气。即使下属错误较重，或态度不太好，也不必吵吵嚷嚷，搞得四下不安。须知，领导者批评的虽是一个人，但面对的是整个群体，你刚一出口，早已有别的下属在那里窃窃私语、议论纷纷，今日气撒完，明天怎么干？可见，恰当地运用语言，还是一个领导者的气度和修养问题。身为上级的领导者，应该表现出一定的大家风范和君子气派，而不应该鼠肚鸡肠、斤斤计较，必要时可适当选用具有一定模糊度的语言，暂为权宜之策。

其次，下属虽是同志，但毕竟犯了错误，需要批评而不是褒奖，如果批评时语言没有分量，嘻嘻哈哈不了了之，也就失去了批评的意义。这个没批评好，后继者将有恃无恐。本着惩前毖后的原则，要维护制度的威严，不能放弃原则，赏罚不明，使纪律松弛。

从量的方面来说，同是犯错误，轻重可能不同，批评的语言也应相机而变。倘若等量齐观，"一视同仁"，各打四十大板，就会引出一些不必要的错误。该轻则轻，不能揪着辫子不放；该重则重，切莫姑息迁就。此外，男女性别不同，心理有异，因而在批评异性下属时还要作适当考虑，做到有理有节。

质的把握，即丁是丁，卯是卯，不能混同；量的限制，则指该一说一、该二说二，必须区别对待，而所谓度，也就是质的把握和量的限制的有机统一。在这种统一中，领导者批评的效果应力求达到最佳状态。

批评下属时也要因人而异措词

既然批评的对象是人，那么就要因人而异。身为领导，不能用单一的批评方式去对待不同下属的错误，而应综合考虑批评对象的各种具体情况。

1. 职业情况

工农商学兵，不同行业有不同行业的批评要求；同一行业，不同工种、不同职务级别有不同的否定艺术。对工作能手和初学者，对担任领导工作的下属和一般工作人员的批评也是应该不一样的。一般说来，随着下属工作熟练程度和行政级别的提高，要求应该越来越严格，虽然方式各有不同。

2. 年龄情况

同样的问题，对不同年龄的人的批评是有差别的。对年长的人，一般应用商讨的语言；对年龄相差不多的人，就可以自由一些，毕竟彼此共同的地方多一些；对年少的下属，就应适当增加一些开导的语句，使其印象深刻。并且，批评时的称谓也是有差别的。对年长的人加上谦词，如，以"老"字为前缀（"老王同志"）、以职务为后缀（"李教授"、"老主任"）等，就显得很郑重、有礼；对同龄人的称谓可以多少随便些，一般可以直呼其名，或用些常用的称呼法，可以显得随和些；对年少的人称谓多以"小"字为前缀，如"小孙"、"小刘"，显得亲切。假如彼此不太熟悉，可以适当换用郑重一些的称谓。总之，不同年龄的人有不同的特点和要求,运用否定和批评的语言艺术不可等同视之。

3. 知识、阅历情况

不同的下属,知识、阅历等都是不尽相同的。上级在否定和批评下属时,必须根据其知识、阅历的不同施以不同的语言艺术。有几十年工龄的同志,你一声轻叹,就会勾起他对过去的回忆,从而激发其心中的共鸣;受过高等教育的下属,可能因你对某些艰深理论的熟谙而产生由衷的敬意;一句粗话出口,会使还不习惯集体劳作的社会青年感到"来者不善"……知识、阅历深的人需要讲清道理,必要时只需蜻蜓点水,他便心领神会,无须唠唠叨叨。相反,知识、阅历浅的人必须讲清利害关系,我们看重的是结果如何,而不理会其中的奥秘究竟怎样;之乎者也、文绉绉的词句,只能使其如入五里云雾,辨不出东西南北。老同志不喜欢那些开放性的词句,五光十色的世界令他们目不暇接,莫不如对往日的回忆或可增加其些许安慰。年轻人讨厌那些陈腐的说教和诡秘的人际关系,他们需要理解,喜欢直来直去。领导者如何运用语言艺术,使下属既接受了批评,又有正中下怀、如遇知己之感,是完善领导工作的重要课题。

4. 心理特征

这里讲的心理特征主要指下属的气质、性格、对工作的兴趣和自我更正的能力。上级批评和否定下属必须首先在心理上占上风,否则将不会成功。按照心理学的分类,人的气质主要分为胆汁质、多血质、黏液质、抑郁质四种类型。领导者应该根据各种类型的不同特点来决定使用何种批评方式。胆汁质的人情绪外露,一点即爆,所以领导者在批评这种类型的下属时不宜使用带有更多情感色彩的语言,但又不能因怕起"火"而不敢点,而是要摆出事实和道理,不给其以任何发作的借口。多血质的下属较随和,但因其性情体验不深而要特别在逻辑和道理上下工夫。黏液质的人虽然稳重但生气不足，因此要适当给予情感刺激，激发其前进的活力。至于抑郁质的下属，由于心细而内向，所以批评的语言以点到为妥，并尽量消除彼此之间的距离感，增加感情上的认同。诚然，现实中人的气质类型并非如此分明，更多的是混合型。所以领导者在批评下属时可以针对不同状况，综合运用各种语言艺术，以达到批评的目的。

一般说来，下属对于改正错误、改进工作是有浓厚兴趣的。此时领导者的指导性批评无异于一支清醒剂，会使其加倍努力工作。相反，对于那种缺乏兴趣的人，必须多费口舌调动或激发其改进工作的兴趣。对于那些无视批评、屡教不改的人，在严厉批评的同时，也要采取一定的组织行政措施，以儆效尤。

假如下属有很强的自我更正能力，那么领导者只需用中性、平静的语言提醒他注意就可以了；假如下属的自我更正能力差，领导者在批评时就不仅要使之知其然，而且更要使之知其所以然，甚至要身体力行为之做必要的示范。人的能力有高低之分，对于那些能力弱的人，自然要提供更多的帮助，必要时直至调换其工作。

如何能够拒绝员工的某些要求

工作中，员工有时难免会向你提出某些要求，有的要求是合情合理的，有的却可能是非分的要求，那么作为上司，如何拒绝员工的某些要求，才不会使员工感到难堪或者影响员工的情绪呢？

一些平常你有可能会同意的要求，在某些场合你却不得不拒绝，例如：要是在全年最忙的几天，有人要请假，或者别的经理想从你部门借一名员工用一周，你很可能会一口回绝："不行。"怎样的拒绝才会有理却又不会让对方难堪呢？

恰到好处的拒绝既有利于自己，也有利于别人。作为领导者，你不可能什么事情、什么情况下都能满足员工的要求。有些人经常在该说"不"的时候没有说"不"，结果到头来既害己又害人，将人际关系弄糟。

对于员工的要求，不论合理与不合理，你都必须要有非坚持不可的立场。

当员工要求休假的时候，可能会有两种情况：要么是你的下属没有按照休假计划的规定办事，要么是这段时间已经安排给其他员工休假了。要是前一种情况，就应该让下属知道他没有遵守规定。你应该这么对他说："很抱歉，我们打算在那个星期盘点存货，一个人手也不能缺。你知道，正因为这样我们才规定每年的一月安排休假计划。"有时，员工的请假要求与别人预先计划好的休假有冲突。遇到这种情况，你要让他明白，批假的原则是"先申请先安排"，所以不能批准他的请求。不过，可以准许他与已安排休假的那个员工自己协商调换休假日期。

当员工要求加薪或升职的时候，尤其是那些特别尽职尽力的员工，要领导开口说"不行"实在是一件很为难的事。有时员工的职位、薪酬早该变动了，但预算紧缩，生意清淡，或其他因素使你无法对他们的勤奋予以奖励，要说"不行"更是难上加难。这时，最好如实相告，说清楚为什么不能提职或加薪。处理这类问题时，切忌做超出你职权的承诺。即便你说了你承诺的事要视将来情况而定，如等生意出现转机，预算松动之后等，员工仍可能把它看成是正式的承诺。

当员工要求调到另一部门时，如果是一个可有可无的人请求调动，那就赶快批准，你还应该庆幸自己的运气。但如果最得力的员工要求调动，而且是在大忙时节，或在一时找不到人顶替的时候，千万不要断然拒绝，因为那样会使一个好员工消沉下去。你应该跟他坐下来谈谈为什么要请调。你会发现促使他调动的原因可能与工作无关。可能是他与某位同事关系紧张，也可能是由于一些通过调整工作可以解决的问题，通过交谈才会发现问题在哪里。如果谈话毫无结果，没有什么能使他改变调动的想法，你只有拒绝。但要尽可能减少给他造成的消极影响，尽量给他一线希望。比如可以说："现在不能调，过一两个月再看看有没有机会。"这样做不仅为你赢得了考虑其他可能性的时间，而且在这段时间里，员工的想法也可能发生变化。不管怎样，对员工的调动要求表现出关心，有助于减轻拒绝对员工造成的伤害。

拒绝员工的某些要求，关键是怎么说"不行"。因为如果员工感到你对他的困难漠不关心，他就很可能另谋高就。具体处理时要尽可能灵活，探讨各种可能的办法，这样即便不得不否决他的请求，你为此所做的努力也有助于消除员工的怨恨。

如何消除员工对你的仇视敌意

做好管理工作真的不容易，有人说做事容易做人难，管得多了不但没有效果，反而会影响彼此的人际关系；管得少了虽然能保住彼此的感情，但是效果又不好。

看看下面两种对话方式：

领导："喂，你最近的表现可不太好啊！"

员工："可是我已尽了最大努力了。"

领导："努力？我怎么看不出来你在努力"。

员工："我难道不是在工作吗？"

领导："你怎么能用这种态度说话？"

员工："那你要我怎么说呢？"

领导："你太自以为是了。这就是你的问题所在。"

领导这样对员工说话，很容易让员工对你产生不满，甚至产生敌意，不利于以后工作的开展和公司的团结。但是如果领导换一种说法方式，效果就会完全不同了。

领导："喂，最近表现的不太出众啊，这可不你像是你的作风。"

员工："我已经尽了努力了……"

领导："是不是有什么心事？"

员工："实际上……妻子住院了！"

领导："是吗！你怎么不早说，家里出了事理应当多照顾，要不就先请几天假，好好在家照顾一下病人。"

员工："好在已经没有什么大问题了。"

领导："噢，那就好。如果有什么困难尽管来找我。"

例子中的领导既委婉地提出了批评，又照顾到了下属的心情。下属自然非常愉快，也很感激。与下属沟通那，作为领导者，最忌讳的就是不注意说话方式，倚仗自己的地位，肆意贬低下属。这样不仅解决不了任何问题，反而会使矛盾激化。要注意，千万不可让对方对你产生敌意。

具体方法，可以从以下几点入手。

（1）谈话要客观，不要过于急躁，也不要在谈话之前就对对方怀有不满和厌恶。

（2）要站在员工的角度为员工着想，当员工与你的意见相反时，切忌用权力去压下属。

（3）要尊重员工，不能对其进行人身攻击，或者使用尖酸刻薄的语言，不要伤害员工的感情。

（4）与员工沟通要挑对时机，如果对方情绪过分激动，其是非的判断力、意志的驱动力都会变得"模糊"，处于抑制状态。此种状况下，任何"强攻"都难奏效。不如暂停说服工作，告诉对方，好好休息，下次再慢慢谈。停一停再谈，这对扭转认识，稳定情绪具有很大作用。

（5）如果员工有错，批评时也要适度、有分寸。

（6）如果员工对你已经产生敌意，可以通过鼓励、安慰等方式消除隔阂。

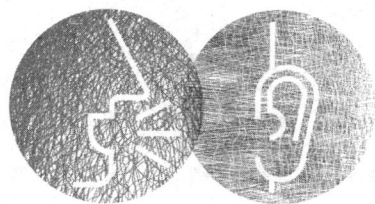

Part6 不懂谈判技巧，你怎么赢别人？

当成内行捧对方

在谈判的时候，摆出一种把对方当做内行的姿态，会使他产生良好的感觉。对方的感觉虽然好多了，可是现在又觉得有一种压力："这一下可不敢随便讲话喽。"

如果谈判的内容属于自己的专业范围，你有必要向对方提出建议。而对方既然是有工作的人，想必也有自己的专业，水平高低则另当别论，至少他也有内行人的自尊心。这里，将计就计也是谈判的一种技巧。

比如，对手是电脑公司生产厂家的经理，你说："有关电脑方面的问题，经理是内行，我在这里只不过是班门弄斧……"把自己学到的一些有关电脑的知识和信息讲给他听，当然其中也含有对手不知道的信息。如果形成你方在教对手的局面，则有伤对方的自尊心。在这种毫无意义的地方破坏了对方的情绪是不应该的。

如果你想把对方再抬得高一点儿，你就应当对你的同伴说："我们是外行，根本不懂。对于经理来说，这些只不过是常识问题。"这么一来，气氛被烘托起来，就可以提出问题与对方谈判了："我作为广告方面的内行，是这样想的。也希望您给予我们指教。"逼迫对方意识到自己是内行，就不能提出让人耻笑的意见。

给对手戴上了一顶内行的帽子，谈判也就不会在无意义的地方卡壳了。因为内行人往往说话不多，只是在关键问题上把一把关。而外行人往往是东拉西扯，喋喋不休，只顾枝叶而忽视本质，一旦卷入这种讨论之中，话题将越扯越远。在同一个问题上说来说去则是会谈中最该避免的。谈判不可倒退，而应以既定的方针为前提不断前进。

即使对手是个外行，你硬把他当成专家来对待，那种毫无意义的倒退也可以防患于未然。对方既然摆出了不懂装懂的样子，他就要自尊自重，对细节问题的提问和指责也变得十分谨慎，这样你方就可以经常处于主动状态，畅通无阻地展开谈判的内容。

因人而异下说词

谈判可以说是一场顽强的性格之战。因为我们要接触的谈判中的对手千差万别，无论经验如何丰富，要做到万无一失也很难。因此，对于各种不同的谈判对象，可以视其性格的不同而加以调整，采取不同的策略。

1. 霸道的对手

由于具有自身的优势，这种人常十分注意保护其在对外经济贸易以及所有事情上的垄断权。在拨款、谈判议程和目标上受许多规定性的限制。与这种人打交道，一般应做到：准备工作要面面俱到；要随时准备改变交易形式；要花大量不同于讨价还价的精力，才能压低其价格；最终达成的协议要写得十分详细。

这种人的性格使得他们能直接向对方表示出真挚、热烈的情绪。他们十分自信地步入谈判大厅，不断地发表见解。他们总是兴致勃勃地开始谈判，乐于以这种态度取得经济利益。在磋商阶段，他们能迅速把谈判引向实质阶段。他们十分赞赏那些精于讨价还价，为取得经济利益而施展手法的人。他们自己就很精于使用策略去谋得利益。同时，希望别人也具有这种才能。他们对"一揽子"交易怀有十足的兴趣。作为卖者，他希望买者按照他的要求做"一揽子"说明。所谓"一揽子"意指不仅包括产品本身，而且要介绍销售该产品的一系列办法。

2．死板的对手

这种人谈判特点是准备工作做得完美无缺。他们直截了当地表明他们希望做成的交易、准确地确定交易的形式、详细规定谈判中的议题，然后准备一份涉及所有议题的报价表，陈述和报价都非常明确和坚定。死板人不太热衷于采取让步的方式，讨价还价的余地大大缩小。与之打交道的最好办法，应该在其报价之前即进行摸底，阐明自己的立场。应尽量提出对方没想到的细节。

3．好面子的谈判对手

这种人顾面子，希望对方把他看做是大权在握、起关键作用的人物。他喜欢对方的夸奖和赞扬，如果送个礼物给他，即使是一个不太高级的礼物，往往也能取得良好的效果。

4．犹豫的对手

在这种人看来，信誉第一重要，他们特别重视开端，往往会在交际上花很长时间，其间也穿插一些摸底。经过长时间的、广泛的、友好的会谈，增进了彼此的敬意，也许会出现双方共同接受的成交可能。与这种人做生意，首先要防止对方拖延时间和打断谈判，其次必须把重点放在制造谈判气氛和摸底阶段的工作上。一旦获得了对方的信任，就可以大大缩短报价和磋商阶段的时间，尽快达成协议。

针对以上六种人，我们总结出九条经典应对策略。

（1）对凶悍派特别有效的方式是引起他们的注意，必须把他们吓醒，让他们知道你忍耐的底线在哪里。其目的不是惩罚，而是要让他们知道你忍耐的极限。

（2）指出对方行为的失当，并且建议双方应进行更富建设性的谈话，在这种情况下对方也会收敛火气。这时最重要的是提出进一步谈话的方向，给对方一个可以继续交涉下去的台阶。

（3）对于逃避派或龟缩派，要安抚他们的情绪，了解他们恐惧的原因，然后建议更换时间或地点进行商谈，适时说出他们真正的恐惧，让他们觉得你了解他们而有安全感。这种方法对凶悍派也有效，只要他们产生了安全感，自然也不会失去控制。

（4）坚持一切按规矩办事。凶悍派、高姿态派、两极派都会强迫你接受他们的条件，你应拒绝受压迫，而且坚持公平的待遇。

（5）当对方采取极端立场威胁你时，可以请他解释为什么会产生这样极端的要求，可以说："为了让我更了解如何接受你的要求，我需要更多地了解你为什么会这样想。"

（6）沉默是金。这是最有力的策略之一，尤其是对付两极派，不妨可这样说："我想现在不适合谈判，我们都需要冷静一下。"

（7）改变话题。在对方提出极端要求时，最好假装没听到或听不懂他的要求，然后将话锋转往别处。

（8）不要过分防御，否则就等于落入对方要你认错的圈套。在尽量听完批评的情况下，再将话题转到："那我们针对你的批评如何改进呢？"

（9）避免站在自己的立场上辩解，应多问问题。只有问问题，才能避免对方进一步的攻击。尽量问"什么"，而避免问"为什么"。问"什么"时，答案多半是事实；问"为什么"时，答案多半是意见，就容易有情绪。

借话语营造气氛

作为一个谈判人员，在谈判开始阶段，首先要做好的一项非常重要的工作就是营造洽谈的气氛，它对谈判成败有非常重要的关系。

谈判气氛是谈判的相互态度，它能够影响谈判人员的心理、情绪和感觉，从而引起相应的反应。倘若你经历过一次谈判，你对那次谈判的气氛应该记忆犹新吧？那或许是冷淡的、对立的；或许是松弛的、旷日持久的；或许是积极的、友好的；也可能是严肃的、平静的；甚至还有可能是大吵大闹的……

你也应当清楚，那种积极友好的气氛对一次谈判将有多大帮助，它使谈判者轻松上阵，信心百倍，高兴而来，满意而归。

卡耐基认为，对于任何谈判者，理想的气氛应是严肃、认真、紧张、活泼的。这可以说是总结了历来胜利而有意义的谈判气氛而得出的一个伟大结论。

1．人可以貌相

打开你的心灵之窗——眼睛；适当的手势语可以化繁为简；放松身体，动作自然得体。

2．避免谈判开头的慌张和混乱

宁肯站着谈判，因为那样会更轻松、更自由、更灵活；做好充分的准备，战略上藐视敌人，战术上重视敌人；凝神、坦然直视对方；轻快入题。

3. 调整、确定合适的语速

谈判中切忌滔滔不绝，那会给人慌慌张张的感觉；也不可慢条斯理，倒人胃口；更不要让自己无话可说；你应该在说的过程中察言观色，捕捉信息。

卡普尔任美国电报电话公司负责人时，在一次董事会上，众位董事对他的领导方式提出质疑，会议充满了紧张的气氛。人们似乎都已无法控制自己的情绪了。

一位女董事发难："公司去年的福利你支出了多少？"

"九百万。"

"噢，你疯了，我真受不了！我要发昏了！"

听到如此尖刻的发难，卡普尔轻松地用了一句："我看那样倒好！"

会场意外地爆发了一阵难得的笑声，连那位女董事也忍俊不禁，紧张的气氛随之缓和下来了。

谈判气氛多数情况下是人为营造的。不同的谈判气氛任何谈判者都能遇到。能运用谈判气氛影响谈判过程的谈判者，自是精明之人，他们知道，谈判气氛对谈判的成败影响很大。

藏拙"示弱"赢优势

大多数人认为，一个优秀的谈判家应该是一个风度翩翩、伶牙俐齿、反应敏捷和精明干练的强者。其实，在实际的谈判场合中，往往表面上弱势的人，比如口才笨拙、个性愚钝的人，反倒容易达到目标，在别人看来很明显的缺陷反而转变成了有利条件。

很多著名的谈判专家都谈到过和那些犹豫不决、愚笨无知或固执一端的人打交道时所产生的挫折感。如果一个人听不进另一个人的解说，就如同让野兽去享受贵重祭品，让飞鸟欣赏高雅的音乐。的确，在一个根本听不懂你在说什么的人面前，再精辟的见解、再高深的理论、再高明的技巧，又能起什么作用呢？没有了对手，你还有什么精神去冲锋陷阵呢？

所以，在适当的时候，你可以收敛自己的锋芒，向对方"示弱"，以消除对方的排斥感和敌对心理；松懈他的警惕性，助长他的同情心，使谈判朝着有利于你的方向发展。你不妨常常把"对不起"、"我不太理解"、"你能再说一遍吗？"或者"我全都指望你帮我了"之类的话挂在嘴边。直到对方兴致全无，一筹莫展，完全丧失毅力和耐心。

日本某航空公司和美国一家公司谈判。谈判从早8点开始，美国人完全控制了局面，他们利用手中充足的资料向日本人展开攻势。他们通过屏幕向日本人详细地介绍、演示各式图表和计算机结果。而日本人只是静静地坐在那里，一言不发。两个半小时之后，美国人关掉放映机，扭亮电灯，满怀信心地询问日方代表的意见。

一位日方代表面带微笑、彬彬有礼地答道："我们不明白。"

"不明白？什么地方不明白？"

另一位代表回答："都不明白。"

美国人再也沉不住气了："从哪里开始不明白？"

第三位代表慢条斯理地说："从你将会议室的灯关了之后开始。"

美国人傻了眼："你们要怎么办？"

三个日本商人异口同声说："请你再说一遍。"

美方代表彻底泄了气。他们再也没有勇气和兴致重复那两个半小时的场面。他们只得放低要求，不计代价，只求达成协议。

美方代表是有备而来的，日方代表如果和他们正面交谈，肯定很难占到便宜，日方代表索性收敛锋芒，宣称自己什么也不懂，反倒打乱了对方的阵脚，获得了成功。

在谈判中，我们有时会遇到攻击型的对手，他们咄咄逼人、气势汹汹。对这种人，采用"装傻"示弱的方法，往往能收到很好的效果。

一般说来，攻击型的人都认定对方会激烈抵抗自己的攻击，所以，一旦对方不加反驳，反而坦白承认自己的错处时，这就会狠狠地挫败攻击者的气势，令他不知如何是好。这就好像一个人运足了全身的力气挥拳向你击来，你不但不还手，反而后退走开，对方那种尴尬的感觉恐怕比挨一顿揍还要难以忍受。

掌控气氛巧借力

大幕拉开后，谈判双方正式亮相，开始彼此间的接触、交流、摸底甚至冲突。当然这也仅仅是开始，它离达成正式协议还有相当漫长的过程。但是在谈判开始阶段，你首先要做好一项非常重要的工作，那就是营造洽谈的气氛。

谈判气氛是谈判对手之间的相互态度，倘若你经历过任何一次谈判，你对那次谈判的气氛都应该记忆犹新吧？美国谈判学家卡洛斯认为大凡谈判都有其独特的气氛。善于创造谈判气氛的谈判者，其谈判谋略的运用便有了很好的基础。我们有理由认为，合适的谈判气氛亦是谈判谋略的一个重要组成部分。良好的谈判气氛有助于谈判者发挥自己的能力。

你也应当清楚，那种积极友好的气氛对谈判将有多大的帮助，它能使谈判者轻松上阵，达成最终的目的。

不同的谈判气氛，对于谈判有着不同的影响，一种谈判气氛可以在不知不觉中把谈判朝某个方向推进。热烈的、积极的、合作的气氛，会把谈判朝达成一致的协议的合作方向推动；而冷淡的、对立的、紧张的气氛则会把谈判推向更为严峻的境地，很难真正地解决问题。

在一次重要的谈判中，双方以前未有过任何接触，气氛略显沉闷。这时甲方的代表开口了："王经理，听说你是属虎的，贵厂在你的领导下真是虎虎有生气呀！"

"谢谢，借你吉言。唉，可惜我一回家，就虎威难再了！"

"噢，为什么呀？"

"我和我的夫人属相相克啊，我被降住了！"

"那么你妻子……"

"她属武松！"

双方你来我往，不经意的几句幽默话语，就让原来的沉闷一扫而光，彼此间很容易就建立起一种亲近随和的关系。

谈判室是正式的工作场所，容易形成一种严肃而又紧张的气氛。当双方就某一问题发生争执，各持己见、互不相让，甚至话不投机、横眉冷对时，这种环境更容易使人产生一种压抑、沉闷的感觉。在这种情况下，可以采用上文提到的"杀手锏"——幽默；也可以建议暂时停止会谈或双方人员去游览、观光、出席宴会、观看文艺节目；还可以到游艺室、俱乐部等处娱乐、休息。这样，在轻松愉快的环境中，大家的心情自然也就放松了。更主要的是，通过游玩、休息、私下接触，双方可以进一步增进了解，清除彼此间的隔阂，增进友谊，也可以不拘形式地就僵持的问题继续交换意见，将严肃的讨论置于轻松活泼、融洽愉快的气氛之中。这时，彼此间心情愉快，人也变得慷慨大方。谈判桌上争论了几个小时无法解决的问题，在这时也许会迎刃而解。

软硬兼施破僵局

在谈判中，一味地用和气、温柔的语调讲话，一个劲地谦虚、客气、退让，有时并不能让对方信赖、尊敬及让步，反而会使一些人误认为你必须依附于他，或认为你是个软弱的谈判对手，可以在你身上获得更多更大的利益。

相反，如果你一开始就以较强硬的态度出现，从面部表情到言谈举止，都表现高傲、不可战胜、一步也不退让，那么留给对方的将是极不好的印象。这样，会使对方对你的谈判诚意持有异议，从而导致失去对你的信赖和尊敬。

正确的做法应当是"软硬兼施"。须知，强硬与温柔相结合，能使人的心态发生很大的变化。强硬会使对方看到你的决心和力量，温柔则可使对方看到你的诚意，从而可以增强信任和友谊。在商务谈判中，软硬兼施的策略被谈判者普遍采用。凭软的方法，以柔克刚；又用硬的手段，以强取胜。

有这样一个生动的例子：

1923 年，苏联国内食品短缺，苏联驻挪威全权贸易代表柯伦泰奉命与挪威商人洽谈购买鲱鱼。

当时，挪威商人非常了解苏联的情况，想借此机会大捞一把，他们提出了一个高得惊人的价格。柯伦泰竭力进行讨价还价，但双方的价格差距还是很大，谈判一时陷入了僵局。柯伦泰心急如焚，怎样才能打破僵局，以较低的价格成交呢？低三下四是没有用的，而态度强硬更会使谈判破裂。她冥思苦想终于想出了一个办法。

当她再一次与挪威商人谈判时，柯伦泰十分痛快地说："目前我们国家非常需要这些食品，好吧，就按你们提出的价格成交。如果我们政府不批准这个价格的话，我就用自己的薪金来补偿。"挪威商人一时竟呆住了。

柯伦泰又说："不过，我的薪金有限，这笔差额要分期支付，可能要一辈子。如果你们同意的话，就签约吧！"

挪威商人们被感动了，经过一番商议后，他们同意降低鲱鱼的价格，按柯伦泰的出价签订了协议。

在商务谈判中，当谈判一方处于被动或劣势的时候，可以先软后硬，硬了再软，或软硬交叉，来促使谈判成功。

谈判中有一种"红白脸"策略经常被使用，这种策略可以说是软硬兼施的最佳表现。所谓红白脸策略，是指在商务谈判过程中，由两个人分别扮演"红脸"和"白脸"的角色，或者由一个人同时扮演这两种角色，软硬兼施，使谈判的效果更好。

这种策略的基本做法是，在谈判过程中，由小组的一个成员扮演强硬派即"白脸"的角色，在谈判开始时果断地提出较高的要求，以后又必须坚定不移地捍卫这个目标，在谈判中态度坚决、寸步不让，几乎没有任何商量的余地。此时，由小组的另一个成员扮演温和派即"红脸"，寻求解决问题的办法，然后在以不损害"白脸"的"面子"的前提下建议做出让步。

采取这种策略要求本方的谈判者必须配合默契，在重大问题的处理上事先要有共识和约定，能进退自如。什么时候应当坚持强硬立场，什么时候持合作态度，什么问题必须达到本方要求，什么问题可以满足对方，在时机与"火候"上都应把握好。初涉谈判或经验并不丰富的谈判者，要谨慎地运用这种策略，否则可能会适得其反。

以退为进成转机

商务谈判过程大都紧张而激烈，需要谈判者付出大量的精力，谈判者因而也极易产生情绪，使双方争执不下，互不相让，致使谈判出现僵局。适时地暂停谈判，采取"走为上"的谈判策略，可以使双方冷静地考虑自己的处境和对方的情势。实践证明，"走为上"的谈判策略，确实能为运用者带来利益。

1984年，我国与突尼斯SIAP公司的商务代表、技术代表就在我国建化肥厂的有关事项进行谈判。中突双方对该建设项目都非常重视，动用了10多名专家，历时3个多月，耗资20多万美元，完成了可行性研究报告，经有关人员反复论证，选择了秦皇岛市作为建厂地点。可行性研究报告刚一完成，科威特石油化学公司便立即表态，愿意参与此项目，与我方合资办厂。这样，谈判由两方变成了三方，形势也复杂起来。

第一次谈判，科威特一方派出了国际化肥组织主席、声威显赫的公司董事长做主谈。他在科威特的地位仅次于石油大臣，他的公司在突尼斯的不少企业中拥有大笔的股票。该董事长精明干练，极具谈判经验。当我方代表刚介绍完中突双方所进行项目的前期工作时，他就断言："厂址选在秦皇岛不合适。你们所做的一切工作都是毫无用处的，再从头开始。"一席话震惊了中突双方的代表：前期工作耗费了相当多的人力、物力、财力！而对赫赫有名的董事长，中突双方代表都难以提出反驳意见，谈判陷入了僵局，气氛也十分紧张。就在这时，我方一位秦皇岛市的政府代表起身发言，他说："我代表地方政府声明，为了建设这个化肥厂，我们安置了一处靠近港口、地理位置优越的场地；为了增进我们的友谊，在许多合资企业希望得到这块土地的使用权时，我们都拒绝了。如果按董事长的提议，这个建设项目要无限期地拖延下去了，那我们也只好把这块地让出去！对不起，我还有别的事情需要处理，我宣布退出谈判。今天下午我等候你们最后的决定。"说完，拎起皮包走出了谈判室。

30分钟后，我方工作人员高兴地向秦皇岛市政府代表报告消息说，这一招真灵，这一炮放出去，形势急转直上，那位董事长表态，快请"市长"先生回来，他们强烈要求马上得到那块场地。此后的谈判进展顺利，在厂址选择的问题上，中方的要求得到了满足，从而避免了双方的大量准备工作付诸东流。

三十六计，走为上计，说穿了，这就是一种以退为进的策略。

"以退为进"是军事上的用语，暂时退让输赢未定；伺机而进，争取成功。谈判也如打仗一样，亦是互相交锋，争斗激烈。有时要继续谈下去，有时则要暂时休会；有时要据理力争、讨价还价。

有时候，即使双方都做了许多让步，但双方的谈判立场仍有很大差距，似乎谈判已钻进了死胡同。在确信谈判双方有许多共识，并且主动权在我方手里时，便可采用以退为进的方法，逼迫对方答应我方条件。当然，这需要谈判者娴熟口才技法的运用，以免被对方识破。

日本松下公司早在 1937 年就与荷兰飞利浦公司有业务往来，后来因第二次世界大战而中断联系。1951 年，松下公司为了发展电子事业，积极与飞利浦公司洽谈合作事宜。开始，飞利浦公司开出的条件是认购30％的股份，再由松下公司付技术报酬6％。松下公司认为，接受对方的技术指导，付给报酬是应该的，但合资公司成立后，经营管理方面的事务工作全部由日方承担，那么，松下公司也应收取"经营指导酬金"。

松下公司的条件提出后，飞利浦公司大为惊讶，因为"二战"后，日本是战败国，当时处于国力十分虚弱的非常时期，松下公司正急切地寻找合作伙伴，而在这种情况下，松下公司竟在谈判中将自己置于与飞利浦公司的对等地位，这是飞利浦方面所不能容忍的。

谈判从一开始就陷入了僵局。

松下公司的谈判代表高桥君在飞利浦公司的强硬态度面前，毫不让步，严正表明了松下公司的立场。这样，谈判再也进行不下去了。

这时，高桥毫不妥协，在高压下撤身而退，以表示松下公司"宁为玉碎，不为瓦全"的态度。这一来，飞利浦公司反而软下来了，因为与松下公司合作，他们可以得到很多好处，他们担心松下公司会去找别的合作伙伴。

飞利浦公司做了让步，谈判最终取得了成功。

当我方遭遇对方无理要求，对方又咄咄逼人的时候，我们可以采取"佯退"。当然在语言运用上要掌握好尺度，讲求技法，一方面要坚决、果断，不要留余地，使对方看不出我方的真正意图；另一方面又要给对方再次谈判的希望，不能让对方认为谈判彻底无望了，然后另觅他途，这样只会陷我方于绝境。

吹毛求疵屈人兵

在商务谈判中，谈判者如能巧妙地运用吹毛求疵策略，会迫使对方降低要求，做出让步。买方先是挑剔个没完，提出一大堆意见和要求，这些意见和要求有的是真实的，有的只是出于策略需要的吹毛求疵。

有一次，某百货商场的采购员到一家服装厂采购一批冬季服装。采购员看中一种皮夹克，问服装厂经理："多少钱一件？""500元一件。""400元行不行？""不行，我们这是最低售价了，再也不能少了。""咱们商量商量，总不能要什么价就什么价，一点儿也不能降吧？"服装厂经理感到，冬季马上到来，正是皮夹克的销售旺季，不能轻易让步，所以，很干脆地说："不能让价，没什么好商量的。"采购员见话已说到这个地步，没什么希望了，扭头就走了。

过了两天，另一家百货商场的采购员又来了。他问服装厂经理："多少钱一件？"回答依然是500元。采购员又说："我们会多要你的，采购一批，最低可多少钱一件？""我们只批发，不零卖。今年全市批发价都是500元一件。"这时，采购员不急于还价，而是不慌不忙地检查产品。过了一会儿，采购员讲："你们的厂子是个老厂，信得过，所以我到你们厂来采购。不过，你的这批皮夹克式样有些过时了，去年这个式样还可以，今年已经不行了。而且颜色也单调。你们只有黑色的，而今年皮夹克的流行色是棕色和天蓝色。"他边说边看其他的产品，突然看到有一件衣服，口袋有裂缝，马上对经理说："你看，你们的做工也不如其他厂精细。"他仍边说边检查，又发现有件衣服后背的皮子不好，便说："你看，你们这衣服的皮子质量也不好。现在顾客对皮子的质量要求特别讲究。这样的皮子质量怎么能卖这么高的价钱呢？"这时，经理沉不住气了，并且自己也对产品的质量产生了怀疑，于是用商量的口气说："你要真想买，而且要得多的话，价钱可以商量。你给个价吧！""这样吧，我们也不能让你们吃亏，我们购50件，400元一件，怎么样？""价钱太低，而且你们买的也不多。""那好吧，我们再多买点，买100件，每件再多30元，行了吧？""好，我看你也是个痛快人，就依你的意见办！"于是，双方在微笑中达成了协议。

同样是采购，为什么一个空手而回，一个却满载而归？原因很简单，后者采用了吹毛求疵策略，他让顾主变得理亏，同时又让顾主觉得他很精明，是内行，绝不是那种轻易被蒙骗的采购，从而只好选择妥协。

再来看看谈判专家库恩先生是怎样将这一招数带入日常生活中的，他可谓将吹毛求疵演绎到了极点。

有一次，库恩到一家商店买冰箱，营业员走上前来询问他需要的冰箱规格，并告诉他该冰箱每台售价为485.95美元。库恩先生走近冰箱左看右看，然后对营业员说："这冰箱外表不够光滑，还有小瑕疵。你看这儿，这点小瑕疵好像还是个小划痕，有瑕疵的东西一般来说都是要降价的呀！"接着，库恩先生又问营业员："你们店里这种型号的冰箱共有几种颜色？可以看看样品吗？"营业员马上引他看了样品。库恩看完后选择了现在店里没有的颜色。他解释说："这种颜色与我家厨房里的颜色很相配，而其他颜色则会令人感到不协调。颜色不好，价钱还那么高，如果不重新调整一下价格，我只好另选购买商店了，我想别的商店可能有我需要的颜色。"库恩先生打开冰箱门看过后问营业员："这冰箱附有制冰器吗？"营业员回答说："是的，这冰箱1天24小时都可为你制造冰块，而每小时只需2分钱电费。"库恩先生听后大声地说："这太不好了！我的孙子有慢性喉头炎，医生说绝对不能吃冰，绝对不可以的。你可以帮我把这个制冰器拆下来吗？"营业员回答说："制冰器无法为您拆下来，这是冰箱的一个重要组成部分。"库恩先生接着说："我知道了，但是这个制冰器对我来说毫无用处，却要我为此付钱，这太不合理了。价格不能再便宜点吗？"

经过他的百般挑剔，冰箱的价格只得一降再降。

吹毛求疵谈判方法在商贸交易中已被无数事实证明，不但行得通，而且卓有成效。有人曾做过试验，证明双方在谈判开始时，倘若要求越高，则所能得到的也就越多。因此，许多买主总是一而再、再而三地运用这种战术，把它当做一种"常规武器"。

总的来说，如果你能巧妙地运用吹毛求疵策略，无疑会为你增益不少。吹毛求疵并不难，但注意一定要把话说到位。

最后通牒赢互动

在谈判中，有些谈判者支出架子准备进行艰难的拉锯战，而且他们也完全抛开了谈判的截止期。此时，你的最佳防守兼进攻策略就是出其不意，发出最后通牒并提出时间限制。这一策略的主要内容是，在谈判桌上给对方一个突然袭击，改变态度，使对手在毫无准备且无法预料的形势下不知所措。对方本来认为时间挺宽裕，但突然听到一个要终止谈判的最后期限，而这个谈判成功与否又与自己关系重大，不可能不感到手足无措。由于他们很可能在资料、条件、精力、思想、时间上都没有充分准备，在经济利益和时间限制的双重驱动下，会不得不屈服，在协议上签字。

美国汽车王亚科卡在接管濒临倒闭的克莱斯勒公司后，觉得第一步必须先压低工人工资。他首先降低了高级职员的工资10%，自己也从年薪36万美元减为10万美元。随后他对工会领导人说："17元一小时的活有的是，20元一小时的活一件也没有。"

这种强制威吓且毫无策略的话语当然不会奏效，工会当即拒绝了他的要求。双方僵持了一年，始终没有进展。后来亚科卡心生一计，一日他突然对工会代表们说："你们这种间断性罢工，使公司无法正常运转。我已跟劳工输出中心通过电话，如果明天上午8点你们还未开工的话，将会有一批人顶替你们的工作。"

工会谈判代表一下傻眼了，他们本想通过再次谈判，从而在工薪问题上取得新的进展，因此他们也只在这方面做了资料和思想上的准备。没曾料到，亚科卡竟会来这么一招！被解聘，意味着他们将失业，这可不是闹着玩的。工会经过短暂的讨论之后，基本上完全接受了亚科卡的要求。

亚科卡经过一年旷日持久的拖延战都未打赢工会，而出其不意的一招竟然奏效了，而且解决得干净利落。

所谓"最后通牒"，常常是在谈判双方争执不下、陷入僵持阶段，对方不愿做出让步以接受交易条件时所采用的一种策略。事实证明，如果一方根据谈判内容限定了时间，发出了最后通牒，另一方就必须考虑是否准备放弃机会，牺牲前面已投入的巨大谈判成本。

美国底特律汽车制造公司与德国谈判汽车生意时，就是运用了最后通牒策略而达到了谈判目标。

当时，由于双方意见不一致，谈判近一个多月没有结果，同时，别国的订货单又源源不断。这时，美国底特律汽车制造公司总经理下了最后通牒，他说："如果你还迟迟不下定决心的话，5天之后就没有这批货了。"眼看所需之物将被抢购殆尽，德方不由得焦急起来，立刻就接受了谈判条件，于是，一场持久的谈判才告结束。美国这家公司使用的就是最后通牒法，迫使对方最后做了让步。

可见，在某些关键时刻，最后通牒法还是大有裨益的。但是，该方法并非屡试不爽，一旦被对方识破机关，最后通牒的威力可能会反作用到自己身上来。这里有一个范例：

美国通用电器公司与工会的谈判中采用"提出时间限制"的谈判术长达20年。这家大公司在谈判开始的时候，使用这一方法屡屡奏效。但到1969年，电气工人的挫败感终于爆发。他们料到谈判的最后结果肯定又是故伎重演，提出时间限制相要挟，在做了应变准备之后，他们放弃了妥协，促成了一场超越经济利益的罢工。

发"通牒"一定要注意一些语言上的技巧，要把话说到点子上。

1. 出其不意，提出最后期限，要求谈判者时必须语气坚定，不容通融

运用此道，在谈判中首先要语气舒缓，不露声色，在提出最后通牒时要语气坚定，不可使用模棱两可的话语，使对方存有希望，以致不

愿签约。因为谈判者一旦对未来存有希望，想象将来可能会给自己带来更大的利益时，就不肯最后签约。故而，坚定有力、不容通融的语气会使他们下定最后的决心。

2. 提出时间限制时，时间一定要明确、具体

在关键时刻，不可说"明天上午"或"后天下午"之类的话，而应是"明天上午8点钟"或"后天晚上9点钟"等更具体的时间。这样的话会使对方有一种时间逼近的感觉，使之没有心存侥幸的余地。

3. 发出最后通牒言辞要委婉

必须尽可能委婉地发出最后通牒。最后通牒本身就具有很强的攻击性，如果谈判者再言辞激烈，极度伤害了对方的感情，对方很可能由于一时冲动铤而走险，一下子退出谈判，这对双方均不利。

步步为营达目的

在谈判的时候，谈判双方都想争取最大利益，这也正是谈判产生的主要原因。但是如何为自己争取最大利益呢？如果一下子就把自己的终极要求提出来，对方一看你胃口如此之大，肯定非常生气，也会对你这个谈判对象产生不信任。其实想要尽量得到自身最大利益的同时又不得罪对方，有一个很好的方法，就是用"切香肠"的方式一点一点地提出要求。

这就好像蚕吃桑叶一样，一点一点、一片一片地统统吃光的谈判策略，就是传统的"蚕食"谈判策略，又被称为"切香肠"策略。该策略的具体内容是：要想获得一尺的利益，则每次谋取毫厘的利益，就像

切香肠一样，一片一片地把最大利益切到手。"切香肠"谈判策略出自这样一个典故：在意大利，一个乞讨者想得到某人手中的一根香肠，但对方不给，这位乞讨者乞求对方可怜他，给他切一薄片，对方认为这个要求可以，于是答应了。第二天，乞讨者又去乞求他切一片，第三天又是如此，最后整根香肠全被乞讨者得到了。

一般来说，人们对对方比较小的要求容易答应，而对较高的要求就会感到比较为难。因此，有经验的谈判者绝不会一开始就提出自己的所有要求，而是在谈判的过程中把自己所需要的条件一点一点地提出，这样累计起来，就得到了比较优惠的条件。该策略在商务谈判中运用得十分广泛。谈判桌上常常听到"不就是一角钱吗？""不就多运一站路吗？""不就是耽误一天吗？"等，当你碰到这种情况，应当警觉，也许对方正在使用"蚕食计"。特别是在谈判双方讨价还价的阶段，有的谈判者总是试探着前进，不断地巩固阵地，不动声色地推行自己的方案，让人难以觉察，最终产生"得寸进尺"的效果。

如果你在谈判中想要得到更多，那就不要一下子提出所有要求，应该像切香肠一样，把自己的要求切成小片，切得越薄越好，而且提出一点点要求，都要给对方相应的"回报"。这种办法给人以一种假象，好像很"公平"，让双方都感到满意，其实你在无形中已经占了对方很大的便宜。

房屋抵押贷款保险的服务对象为向银行申请分期贷款购买住宅的客户。客户一旦参加了这种保险，当遇到不可抗拒的因素而导致贷款人死亡，或者遭遇不测而不能偿还银行的分期贷款时，保险公司则代为缴纳，以分担银行和贷款人双方的风险。一家刚刚成立的保险公司想要开展这方面的业务，但又比其他同行慢了一步。

于是，他们决定采用新战术打开门路，以便在这一市场上占有一席之地。经过一番周密的策划，公司派出业务员与银行洽谈："我们公司正计划推行一种崭新的服务办法，我们绝不会像贵银行所指定的那家保险公司那样向客户叩头拜托，也不会像现在一些保险公司那样，客户一到银行办完贷款手续就马上登门推销。我们的办法完全不同，我们要用邮寄广告的方式来扩展业务，所以请贵银行把尚未加入保险的客户名单抄一份给我们。如果你们的贷款由我们的保险来做加倍保障的话，你们也可以放心了。"对于这家保险公司的这种要求，银行方面没有理由拒绝，加之邮寄宣传的配合，经过一番努力之后，新的服务方式获得了极大的成功，占据了房屋抵押贷款保险业80％的份额。第一步取得了成功之后，这家保险公司又派出代表到各大银行游说："目前我们公司已经争取到了整个市场80％的份额，你看我们该不该争取到100％？"就这样，该公司成了当地唯一被银行指定的保险公司。

在这里，保险公司成功地运用了"切香肠"策略，取得了与银行谈判的成功。在蚕食的过程中，首先，从银行那里得到尚未参加保险的客户名单，用新的服务方式招徕越来越多的客户投保。其次，以初步的成功再向银行提出新的要求，进而争取到100％的当地市场份额。最后，以取得的成功为基础，采取同样的策略向全国出击，最终在同行业中遥遥领先，从而实现了自己的最高目标。

对方意见我来提

把方案带到客商那里去的时候，应当事先就料到对方会提出哪几种反对意见。如果坐到谈判席上，在意想不到的情况下突遭对方的反驳后再支支吾吾地招架，则有失体面。

事先估计到人家会反驳，但只准备一些应答的对策还不够，仍容易被对方打败。在争论中占据上风并不是谈判的根本目的，充其量不过是谈判形势的走向问题。

那么，应当如何对待意料之中的反对意见呢？

当估计对方会予以反驳时，有这样一种对付的办法：在他们还没有说出之前，你让同伴将预料中的反对意见说出来，然后将其否定。

首先与同伴进行磋商，列举几条意想中的反对意见，事先布置好："估计对方会以此为理由攻击我们，你先主动地把这个问题提出来！"在谈判中，当同伴讲出了这个意见以后，你马上指出："不对，这种观点是错误的。"如此这般，将这些反对意见一个个都化为乌有。同时，你方的几个人之间还可以故意发生争执。这样做不会在对方面前露出什么破绽，反而会在保全对方面子的情况下使其接受你方的方案。

反对意见多种多样，有的可以从理论方面回答，有的无法用语言去解释，只能凭自己的感觉去理解。对方提出的意见可以用道理来说明的部分很好处理，至于那些难以解释的问题，最好还是用内部争吵的方法来解决。比如数落自己的同伴："你总是提出这类问题，什么时候才能有点出息呢？"只有这种语言才能处理好这种反对意见。

坐在谈判席上，总是有意识地将与会者分为说服的一方和被说服的一方，这种想法要不得。对方有3个人，你方也有3个人，我们应当把这看做是与会的6个人正在共同探讨着同一个问题，而不是3比3的对话。

所以，你方的与会人员有时最好也处在相互敌对的关系上。因为如果总是保持一致对外的姿态，对方就会产生一种随时有可能遭到你方攻击的顾虑。把既成的事实强加于人，这是被说服一方最厌恶的一种做法。

当你方内部互相争论的时候，很容易形成一种在场的所有人都在议论的气氛，结论也仿佛是在对方的参与下得出来的。于是在大家的思想中能够形成一种全体参与、共同协商的意识。但是，若只有你一个人在场的时候又该怎么办呢？

无论事先做过多么周密的准备，一旦到了谈判桌上，仍然会察觉到要有某种反对意见出现。这时，你可以把它处理为临来之前曾经听到公司里有人提出过这种意见。这样，当你发觉这种反对意见即将提出的时候，就抢先说道："在公司里谈论这个方案的时候，有个家伙竟然这样说……"这么一来，不管持这种意见的人有没有，都会产生敲山镇虎的效果。说完以后，你还要征求对方有什么感想。听你这么一说，只要不是相当自信的人就很难说出"我也是这么想的"这句话。即使摩拳擦掌准备提出这种反对意见的人，也不愿落得与"这个家伙"相同的下场，所以只得应付说："是吗，这么说可就太奇怪了。"

用这个办法，将对方的反面意见压制住，哪怕只有一次，在以后的谈判过程中对方就不会轻易反驳了。你方大致预料到反面意见的内容时，抢先说："谈到这里，肯定会有个别糊涂虫提出这么一种反对意见……"于是对方唯恐提出不恰当的反对意见，以后被人耻笑为"个别糊涂虫"。

还有一个办法：抢先说出对方从他们自己的立场出发所产生的不安和所要承担的风险。如说："我如果是经理的话，这种事情太可怕了，恐怕不敢瞎说。"也可以说："也有出现这种情况的可能，所以我如果站在经理的立场上，也许会想办法回避。"把自己所预料出现风险的可能性间接地表达出来。在达成协议还是谈判破裂的岔口上，语气再稍微强硬一些也未尝不可："如果站在经理的立场上，我会认为，造成谈判破裂要比被迫接受对方的条件可怕得多。"

无论怎么说，反正不能让对方把反对意见先说出口，这与你方的意见让对方说出令对方感到满足是一样的道理。对方的反对意见从你方嘴里说出来，这样做给人留下了对方反驳的观点你方已经研究透了的印象，就可以不费吹灰之力地将其扼制住。

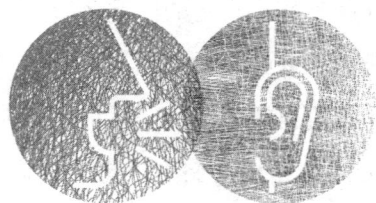

Part7 不懂拒绝，口才再好也白搭

该拒绝时莫犹豫

业务员的销售技巧里有这么一招：从一开始就让顾客回答"是"，在回答几个肯定的问题之后，你再提出购买要求就比较容易成功。同理，当你一开始对自己说"我做不到"，或"我不行"的时候，自己就陷入了否定自我的危机，然后就会因拒绝任何的挑战而失去信心。

当然，我们必须努力去做一个绝不说"不"的人，可是，当遇到别人不合理的请求时，我们是否也要委曲求全答应对方呢？

这个时候，你千万不要因为不能说"不"而轻易地答应任何事情，而应该视自己能力所及的范围，尽可能不要明明做不到，却不说，结果既造成了对方的困扰，又失去了别人对你的信任。

30岁出头就当上了二十世纪福斯电影公司董事长的雪莉·茜，是好莱坞第一位主持一家大制片公司的女士。为什么她有如此能耐呢？主要原因是，她言出必践，办事果断，经常是在握手言谈之间就拍板定案了。

好莱坞经理人欧文·保罗·拉札谈到雪莉时，认为与她一起工作过的人，都非常地敬佩她。欧文表示，每当她请雪莉看一个电影脚本时，她总是马上就看，很快就给答复。不过好莱坞有很多人，给他看个脚本就不这样了，若是他不喜欢的话，根本就不回话，而让你傻等。

通常一般人十之八九都是以沉默来回答，但是雪莉看了给她送去的脚本，都会有一个明确的回答，即使是她说"不"的时候，也还是把你当成朋友来对待。这么多年以来，好莱坞作家最喜欢的人就是她。

当你拒绝对方的请求时，切记不要咬牙切齿、绷着一张脸，而应该带着友善的表情来说"不"，才不会伤了彼此的和气。除了对别人该说"不"时就说"不"，同时对自己也要勇敢地说"不"。

美国电话及电报公司的创办者塞奥德·维尔，经历过无数次失败之后，才学会了说"不"。

年轻时的他，无论做什么事都缺乏计划，一事无成地虚晃日子，连他的父母也对他感到失望，而他自己也陷入了绝望之中。

20岁那年，他离家独自谋生时，给自己写了一封信："夜晚迟迟不睡，而撞球或者喝酒，这些事是年轻人不该做的，所以我决定戒除。但是对这决定我应该说什么呢？是不是还照旧说'只这一次，下不为例呢？'还是'从此绝不'了呢？以前已经反复过好几次了。"

维尔最大的野心是买皮毛衣及玛瑙戒指，虽然在当时不能说是太大的奢望，但对他来说是很难买的。于是他无时不克制自己，以求事事三思而后行。这种坚决的克制态度，使得他由默默无闻的员工调升到铁路公司的总经理。

他向别人说"不"的同时，也要向自己说"不"，尤其是创立电话电报这样巨大组织的时候，他时时刻刻地说"不"。正因为这样，他才能避免因一时冲动的手段而误了大事。

拒绝别人不是一件什么罪大恶极的事情，也不要把说"不"当成是要与人决裂。是否把"不"说出口，应该是在衡量了自己的能力之后，作出的明确的回应。虽然说"不"难免会让对方生气，但与其答应了对方却做不到，还不如表明自己拒绝的原因，相信对方也会体谅你的立场。

说"不"没什么开不了口的，只要站得住立场和对自己有益的，就请勇敢地向别人和自己说"不"吧。

下令逐客要含蓄

有朋来访，促膝长谈，交流思想，增进友情是生活中的一大乐事，也是人生道路上的一大益事。宋朝著名词人张孝祥在跟友人夜谈后，忍不住发出了"谁知对床语，胜读十年书"的感叹。然而，现实中也会有与此截然相反的情形。下班后吃过饭，你希望静下心来读点书或做点事，那些不请自来的"好聊"分子又要扰得你心烦意乱了。他唠唠叨叨，没完没了，一再重复你毫无兴趣的话题，还越说越来劲。你勉强敷衍，焦急万分，极想对其下逐客令但又怕伤了感情，故而难以启齿。

但是，你"舍命陪君子"，就将一事无成，因为你最宝贵的时间，正在白白地被别人占有着。鲁迅先生说："无端的空耗别人的时间，无异于谋财害命。"任何一个珍惜时间的人都不甘任人"谋财害命"。

那要怎样对付这种说起来没完没了的常客呢？最好的对付办法是：运用高超的语言技巧，把"逐客令"说得美妙动听，做到两全其美；既不挫伤好话者的自尊心，又使其变得知趣。要将"逐客令"下得有人情味，可以参考以下方法。

1. 以婉代直

用婉言柔语来提醒、暗示滔滔不绝的客人：主人并没有多余的时间跟他闲聊胡扯。与冷酷无情的逐客令相比，这种方法容易被对方接受。如"今天晚上我有空，咱们可以好好畅谈一番。不过，从明天开始我就要全力以赴写职评小结，争取这次能评上工程师了。"这是指请您从明天起就别再打扰我了。又如"最近我妻子身体不好,吃过晚饭后就想睡觉。咱们是不是说话时轻一点？"这句话用商量的口气，却传递着十分明确的信息：你的高谈阔论有碍女主人的休息，还是请你少来光临为妙吧。

2. 以写代说

有些"嘴贫"（北京方言，指爱乱侃）的人对婉转的逐客令可能会意识不到。对这种人，可以用张贴字样的方法代替语言，让人一看就明白。影片《陈毅市长》里有一位著名的科学家，在自家客厅里的墙上贴上了"闲谈不得超过三分钟"的字样，以提醒来客：主人正在争分夺秒搞科研，请闲聊者自重。看到这张字样，纯属"闲谈"的人，谁还会好意思喋喋不休地说下去呢？

根据具体实际情况，我们可以贴一些诸如"我家孩子即将参加高考，请勿大声喧哗"、"主人正在自学英语，请客人多加关照"等字样，制造出一种惜时如金的氛围，使爱闲聊者理解和注意。一般情况下，字样是写给所有来客看的，并非针对某一位,所以不会令某位来客有多少难堪。

3. 以热代冷

用热情的语言、周到的招待代替冷若冰霜的表情，使好闲聊者在"非常热情"的主人面前感到今后不好意思多登门。爱闲聊者一到，你就笑脸相迎，沏好香茗一杯，捧出瓜子、糖果、水果，很有可能把他吓得下次不敢贸然再来。你要用接待贵宾的高规格，他一般也不敢老是以"贵客"自居。

过分热情的实质无异于冷待，这就是生活辩证法。但以热代冷，既不失礼貌，又能达到"逐客"的目的，效果之佳，不言自明。

4. 以攻代守

用主动出击的姿态堵住好闲聊者登门来访之路。先了解对方一般每天几点到你家，然后你不妨在他来访前的一刻钟先"杀"上他家门去。于是，你由主人变成了客人，他则由客人变成了主人。你从而掌握交谈时间的主动权，想何时回家，都由你自己安排了。你杀上门去的次数一多，他就会让你给黏在自己家里，原先每晚必上你家的习惯很快会改变。一段时间后，他很可能不再"重蹈覆辙"。以攻代守，先发制人，是一种特殊形式的逐客令。

5. 以疏代堵

闲聊者用如此无聊的嚼舌消磨时间，原因是他们既无大志又无高雅的兴趣爱好。如果改用疏导之法，使他有计划要完成，有感兴趣的事可做，他就无暇光顾你家了。显然，以疏代堵能从根本上解除闲聊者上门干扰之苦。

怎样进行疏导呢？如果他是青年，你可以激励他："人生一世，多学点东西总是好的，有真才实学更能过上好生活，我们可以多学习学习，充实充实自己。"如果他是中老年，可以根据他的具体条件，诱导他培养某种兴趣爱好，或种花，或读书，或练书法，或跳迪斯科。"老张，您的毛笔字可真有功底，如果再上一层楼，完全可以在全县书法大奖赛中获奖！"这话一定会令他欣喜万分，跃跃欲试。一旦有了兴趣爱好，你请他来做客也不一定能请到呢！

巧借他语说拒绝

拒绝不一定非要表明自己的意思，许多时候，利用对方的话来拒绝他，是更聪明的选择。只要合理地从对方的话语里引出一个合乎逻辑的相同问题，巧踢"回旋球"，让对方"哑巴吃黄连——有苦说不出"。

小李从旅游局一个朋友那里借了一架照相机，他一边走一边摆弄着，这时刚好小赵迎面走来了。他也知道小赵有个毛病：见了熟人有好玩的东西，非得借去玩几天不可。这次看见了他手中的照相机又非借不可了。尽管小李百般说明情况，小赵依然不肯放过。小李灵机一动，故作姿态地说："好吧，我可以借给你，不过我要你不要借给别人，你做得到吗？"小赵一听，正合自己的意思。他连忙说："当然，当然。我一定做到。""绝不失信。"小李还追加一句说，"绝不失信，失信还能叫做人？"小李斩钉截铁地说："我也不能失信，因为我也答应过别人，这个照相机绝不外借。"听到这，小赵也目瞪口呆了，这件事也只有这样算了。

有一大部分人会产生这样的想法，难道我们在现实生活中都非要拒绝别人不可吗？我们在拒绝他人时都要采用这些委婉的方法吗？其实这个问题问得恰到好处。

在日常生活中，关于拒绝他人，我们还要注意以下问题。

第一，在日常生活中，我们就应该真诚地对待朋友和同学，积极地帮助他们。每个人都应该明白一个简单的道理"平时帮人，拒人才不难"，这种方法主要应用于那些的确违背我们意愿的事情。

第二，如果是由于自己能力或客观原因，我们应该坦诚相对，说明自己的实际情况，同时，要积极帮对方想办法。

第三，对于某些情况，直接说"不"的效果更好，特别是对于那些违法乱纪的事情，应持坚决的态度来拒绝。对于那些可能引起误解的事情，也应该明确自己的态度，否则会"当断不断，反受其乱"。此外，由于拒绝不明可能会影响对方，也影响事情发展方向，也应该直截了当地拒绝。

第四，即使我们掌握了一些比较好的方法，在一般的拒绝中，我们也应该语气委婉，最好还能面带微笑，这样既达到自己拒绝他人的目的，又可消除由于拒绝给对方带来的不快。

贬低自己巧拒绝

用自我贬低的方法或者在玩笑的氛围中拒绝他人，不仅维护了别人的面子，也使自己全身而退。

比如朋友想邀你一起去玩电游，你就可以说："我们都是好朋友了，说出来不怕你们笑话，我学了几年一直玩得不像样，你们看了都会觉得扫兴，为了不影响你们的兴致，我还是不去为好。"又比如说，在同学聚会的时候，你确实不会喝酒，你可以说："我是爸妈的乖儿子，在家里面又没有什么地位，要是喝了酒，那回去后肯定会被我爸揍死的，甚至还会被我妈骂死，你们就饶了我吧。"同时，你还可以说一些其他的事例进行说明，或者找一些比较好的借口来增强这种自我贬低的效果。

"装疯卖傻法"是一种特殊形式，是"表示自己无能为力，不愿做不想做的事"。也就是说："我办不到！所以不想做！"

根据心理学的调查发现，人们的确有在日常生活中故意装傻的现象。例如在上班族中，有20%的人曾对上司装过傻，而14%的人对同事装过傻。虽然它跟"楚楚可怜法"一样，会导致评价降低，但令人惊讶的是，仍有一成以上的人是在自己有意识的情况下用了这个办法。

上班族会用到"装疯卖傻法"的场合有以下三种。

第一，不愿做不想做的事。例如像是打杂般的工作、很花时间的工作，或单调的工作等。还有像公司运动会之类，公司内部活动的筹办委员也是其中之一。像这种情形便有不少人会用"我不会呀"或"我对这方面不擅长"等理由，来把不想做的事巧妙地推掉。

第二，拒绝他人的请求。当别人找上你，希望你能帮他的忙时，你很难直接说"不"吧！因此便以"我很想帮你，可是我自己也没有那个能力"的态度来婉转拒绝。拒绝别人这种事，很难直接以"我不愿意"这种态度来拒绝，而且还可能会让对方怀恨在心。因此，若是用能力，也就是自己无法控制的原因来拒绝（想帮你，可是帮不了）的话，拒绝起来便容易多了。

第三，想降低自己的期望值。一个人若能得到他人的高度期待，固然值得高兴，但压力也会随之而来。因为万一失败，受到高度期待的人，所带给其他人的冲击性会更大。

因此，借由表现出自己的无能，来降低期望值，万一将来失败，自己的评价也不会下降得太多；相反的，如果成功，反而会得到预期之外的肯定。

"装疯卖傻法"有以下两种实行技巧。

1. 表明自己无能为力

就像前面所说，这招便是表明"我没有能力做那件事，因此我不愿意做"的一种方法。根据工作的内容，"无能"的内容也有所不同。例如：

（别人要求你处理电脑文书资料时）

"电脑我用不好，光一页我就要打一个小时，而且说不定还会把重要的资料弄不见！"

（别人要求你做账簿时）

"我最怕计算了，看到数字我就头痛！"

不过，所表明的"无能"的理由不具真实性，那可就行不通。例如刚才电脑处理的例子，如果是在电脑公司，说这种话谁信？后面那个例子，如果发生在银行，也绝对会显得很突兀。平常愈少接触到的工作，说这种话时，所获得的可信度也就愈大。所以要说"我没做过"、"我做得不好"这些话的时候，这些话一定要具有可信度才行。

2. 将矛头指向他人

这招是接着"表示无能"的用法之后，以"我办不到，你去拜托某某比较好"的说法，来将矛头指向他人的做法。搬出一位在这方面能力比自己强的人，然后要对方去拜托他就行了，但这种方法只有在大家都知道那个人的确比较胜任时才能用。

这个办法有一个问题就是，可能会招致那个被你"转嫁"的人怨恨。想拜托人的人一定会说："是某某说请你帮忙比较好！"对方也就会知道是你干的好事。这么一来，那个人心里一定会想："可恶的家伙，竟然把讨厌的事推给我！"

尤其当需要帮忙的工作内容，是人人都不想做的事情的时候，这种惹来怨恨的可能性就愈高。所以，最好在多数人都知道"某某事情是某某最擅长的"这样的场合才用此招。

拒绝也可玩幽默

有一位"妻管严"，被老婆命令周末大扫除。正好几个同事约他去钓鱼，他只好回答："其实我是个钓鱼迷，很想去的。可成家以后，周末就经常被没收啊！"同事们哈哈大笑，也就不再勉强他了。

用幽默的方式拒绝别人，有时可以故作神秘、深沉，然后突然点破，让对方在毫无准备的大笑中失望。

有时候拒绝的话像是胡搅蛮缠，但因为它用幽默的方式表达出来，也就在起到拒绝目的同时，让别人很愉快地接受了。

意大利音乐家罗西尼生于1792年2月29日，因为每4年才有一个闰年，所以等他过第18个生日时，他已72岁。他说这样可以省去许多麻烦。在过生日的前一天，一些朋友来告诉他，他们集了两万法郎，要为他立一座纪念碑。他听了以后说："浪费钱财！给我这笔钱，我自己站在那里好了！"

罗西尼本不同意朋友们的做法，但他没有正面回绝，而是提出一个不切实际的想法："给我这笔钱，我自己站在那里好了！"含蓄地指出朋友的做法太奢侈，点明其不合理性。

此外，还可以用假设的方法，虚拟出一个可能的结果，从而产生一个幽默的后果，而这个后果正好是你拒绝的理由。这样，不仅不至于引起不快，还可能给对方一定启发。

一位演技很好、姿色出众但学历不高的女演员，对肖伯纳的才华早就敬而仰之。她平时生活在众星拱月的环境中，多少有一些高傲神气，总以为自己应该嫁给天下最优秀的男人。某次宴会中，她和肖伯纳相遇了，她自信十足，以最迷人的音调向肖翁说："如果以我的美貌，加上你的天才，生下一个孩子，一定是人类最最优秀的了！"

肖伯纳立刻微微一笑，不疾不徐地回答："对极了。但是如果这孩子长成了我的貌和你的才，那将是怎样呢？"这位美女演员愣了一下子，终于明白了肖伯纳的拒绝之意。她失望地离开了，但一点也不恨肖伯纳，反而成了他忠实的好朋友。

不管对中国人还是外国人来说，拒绝别人的话总是不好出口的，但拒绝的话又经常不得不说出口。这时不妨用幽默方式说出拒绝的话，把对方遭到拒绝时的不愉快感擦掉。

小王毕业后分到一个小地方打杂，开始很失意，成天和一帮哥们儿喝酒、打牌。后来逐渐醒悟过来，开始报名参加等级考试。

有一天晚上，他正在埋头苦读，突然一个电话打过来叫他去某哥们儿家集合，一问才知道他们"三缺一"。小王不好意思讲大道理来拒绝他们的要求，也不想再像以前没日没夜地玩，便回答说："哎呀，哥们儿，我的酸手艺你们还不清楚啊，你们诚心让我进贡啊，我这个月都要弹尽粮绝了，这样吧，一个小时就打一个小时，你们答应我就去，不答应就算了。"一阵哄笑过后，对方也不好食言。

无论一个人的职业是什么，适当的幽默，必能帮助他应付世人。幽默的性格易于传染，快活有趣的人不必开玩笑也能提高大家的情绪。

幽默使人发笑，博得他人的好感，缓和紧张的局面，用幽默的话来拒绝别人，别人也会平和地接受你。

巧拒朋友怪请求

答应帮别人办事，首先得看自己能不能办到，这是人人都明白的道理。可就有那么一些人不自量力，对别人请求帮助的事情一概承担下来，事情办好了什么事也没有，如果办不好或只说不做，那就是不守信用，朋友就会埋怨。

一个权力很有限的人更应该注意，因为你有权，亲戚朋友托你办事的肯定多。这时你应该讲点策略，不能轻易答应别人。有的朋友托你办的事可能不符合政策，这样的事最好不要允诺，而是当面跟朋友解释清楚，不要给朋友留下什么念头，不然，朋友会认为你不肯帮忙；有的朋友找你办的事可能不违反政策，但确有难度，就跟朋友说明，这事难度很大，只能试试，办成办不成很难说，让对方不要抱太大希望，这样做是给自己留后路，万一办不成，也会有个交代。

当然，对于那些举手之劳的事情，还是答应朋友去办，但答应之后，无论如何也要办好，不可今天答应了，明天就忘了，否则待朋友找你时，你会很尴尬。

不要轻率地对朋友作出许诺，并不是一概不许诺，而是要三思而后行。尽量不说"这事没问题，包在我身上了"之类的话，给自己留一点余地。顺口的承诺，是一条会勒紧自己脖子的绳索。

前几年春节联欢晚会上也曾演过这样一个小品：一个人为了避免别人瞧不起自己，假装自己很厉害，别人求他办事，不管有多大困难一概来者不拒。为了帮别人买两张卧铺票，不惜自己通宵排队，结果闹出了笑话……

对待朋友的要求，要注意分析，不能一概满足。因为不分青红皂白一概满足，有可能会引火烧身。因此，必须搞清楚朋友的要求是正当的，还是不正当的，是不是符合原则或规范。千万不能碍于情面，有求必应，有求必办。

对待朋友的要求，是否要拒绝，如何拒绝呢？下面几点可供你借鉴。

1. 问清目的

朋友要求你帮助或希望与你合作完成某事时，你必须首先问清楚是什么事、动机是什么、目的何在。如果是正当的，在你力所能及的范围内可尽量提供帮助，以尽朋友之谊。假如朋友的要求，你认为超越了正常范围，就应毫不犹豫地拒绝他。

2. 态度坚决

无论对方的要求多么强烈，只要你认为不能接受，便要态度明确、坚决地予以拒绝，不能留有余地。"实在抱歉，我无能为力"，"对不起，我没有办法答应"，同时也不要给他出主意，否则，你仍难脱干系，说不定他还会来找你，让你想办法。

3. 接受指责

遭到你的拒绝，要求不能达到，对方必然会对你加以指责。对此，你可以表示接受。这里，需要注意的是，千万不能中了对方的激将法。比如他说："我就知道你可能做不到，看来果然如此。"对此，你不妨报之一笑，承认自己能力有限，"做不到"他要求的事。

4. 消除愧疚

拒绝朋友的要求，朋友可能会愁眉苦脸，唉声叹气。这时候，你没必要自责，也没必要感觉愧疚。既然拒绝，你自然有拒绝的理由。最好的做法是，用你的理由来消除内心的愧疚，达到心理的平衡。

5. 电话拒绝

有时候碍于面子，当面不好意思拒绝朋友。这种情况下，你可以让朋友先回去，告诉朋友等你考虑后再给他答复。然后，打个电话把你的意见告诉他。这样，双方不见面可以避免不好启齿或造成尴尬。

巧借挡箭牌拒绝

有的时候，你根本不用绞尽脑汁去想那些拐弯抹角的拒绝方式，就能把"不"字直接说出口，并且切断所有后路，让对方无法采取别的方式再对你进攻。不过，在这里你要借用"别人的意思"。

某造纸厂的推销员上某大学推销纸张，推销员找到他熟悉的这个大学的总务处长，恳求他订货。总务处长彬彬有礼地说："实在对不起，我们学校已同某国营造纸厂签了长期购买合同，学校规定再不向其他任何单位购买纸张了，我也应按照规定办。"

拒绝不是总务处长的意思，责任已经全部推到"学校"那里，学校的规定，谁也无法反抗，事情就这么简单。以别人的身份表示拒绝。这种方法看似推卸责任，却很容易被人理解：既然爱莫能助，也就不便勉强。一位和善的主妇说，巧妙拒绝的艺术使她一次又一次获得了宁静。每当推销员找上门来，她便彬彬有礼但态度坚决地说："谢谢您来推销，但是我丈夫不让我在家门口买任何东西。请你理解我一个做妻子的难处。"这样，推销员会因为被拒绝的并不仅仅是自己一个人而得到一点心理平衡，减少了被拒绝的不快。

人处在一个大的社会背景中，互相制约的因素有很多，为什么不选择一个盾牌来挡一挡呢？如：有人求你办事，假如你是领导成员之一，你可以说，我们单位是集体领导，像刚才的事，需要大家讨论才能决定。不过，这件事恐怕很难通过，最好还是别抱什么希望，如果你实在要坚持的话，待大家讨论后再说，我个人说了不算数。把矛盾引向了另外的地方，意思是：我不是不给你办，而是我决定不了。请托者听到这样的话，一般都会打退堂鼓。

一个年轻的物资销售员经常与客户在酒桌上打交道，长此以往，他觉得自己的身体每况愈下，已不能再像以前那样喝太多酒了。可应酬中又免不了要喝酒，怎么办呢？后来他想到一个妙计。每当客户劝他多喝点的时候，他便诙谐地说："诸位仁兄还不知道吧，我家里那位可是一个母老虎，我这么酒气熏天地回去，万一她河东狮吼起来，我还不得跪搓衣板啊？"

他这么一说，客户觉得他既诚恳又可爱，自然就不再多劝了。

每个人都可以在必要时虚构一个"后台领导"，把自己的意愿都归到他身上，适当地弱化自己的地位，表现出一种对决策的无权控制，从而全身而退，拒绝的效果立竿见影，对方也无法进一步提要求。

当然这一招也不能乱用，而且最好是用来拒绝陌生人或者不是很熟悉的人，比如某个推销员或者刚认识的一个还不清楚底细的朋友。如果是很熟悉的朋友你也借别人的嘴巴来拒绝，让朋友知道了，会觉得你不够真诚，从而使你的形象大打折扣。另外如果大家对你的底细都很了解，知道你妻子温柔贤惠一向只听你的话，你还说你妻子是河东狮吼的悍妇，这不但不真诚，还有可能传到你妻子的耳朵里，影响感情。

所以利用别人的意思来拒绝也要注意使用方式。最好对方不认识你说的这个人，你借用的这个人跟你的关系又很密切，这样才能把拒绝做好。

糊涂话语暗拒绝

装糊涂是答非所问，模糊应对，这体现了一种大智若愚的拒绝态度和情操。

看看下面这对老夫妇如何把话说得字字不靠谱的。

推销员一进门，就迎出来一个白发老头。青年推销员恭恭敬敬鞠了一躬。"喔，喔，可回来了！你毕竟是回来了。"老头脱口而出，"老婆子快出来。儿子回来了，是洋一回来了。很健康，长大了，一表人才！"老太太连滚带爬地出来了，只喊了一声："洋一！"就捂着嘴，眨巴着眼睛，再也说不出话来。推销员慌了手脚，刚要说"我……"时，老头摇头说："有话以后再说。快上来，难为你还记得这个家。你下落不明的时候才小学六年级，我想你一定会回来，所以连这个旧门都不修理，不改原样，一直都在等着你呀。"

推销员实在待不下去了，便从这一家跑了出来，喊他留下来的声音始终留在他的耳边。

"大概是走失了独生子，悲痛之余，老两口都精神失常了吧？倒怪可怜的。"他想着想着回到了公司，跟前辈谈这件事。老前辈说："早告诉你就好了。那是小康之家，只有老两口。因为无聊，所以经常这样作弄推销员。"

"上当了！好，我明天再去，假装是儿子，来个顺水推舟，伤伤他们的脑筋。"

"算了，算了吧，这回又该说是女儿回来了，拿出女人的衣服来给你穿。结果，你还是要逃跑的。"

用装傻的手段捉弄和对付难缠的推销员，不失为一种高明的手段，日本人似乎特别擅长这种模糊迂回的圆融之道。在日本有这样一个故事，很能给人启发：

一位名叫宫一郎的青年去拜访广源先生，想将一块地产卖给他。

广源听完宫一郎的陈述后，并没有做出"买"或者"不买"的直接回答，而是在桌子上拿起一些类似纤维的东西给宫一郎看，并说："你知道这是什么东西吗？"他似乎瞬间忘记了宫一郎上门的目的。

"不知道。"宫一郎回答。

"这是一种新发现的材料，我想用它来做一种汽车的外壳。"广源详详细细地向宫一郎讲述了一遍。

广源先生共讲了 15 分钟之多，谈论了这种新型汽车制造材料的来历和好处，又诚诚恳恳地讲了他明年的汽车生产计划。广源谈的这些内容宫一郎一点也听不懂，但广源的情绪感染了宫一郎，他感到十分愉快。广源在送宫一郎时顺便说了一句：不想买那块地。

广源的高明之处在于他没有一开始就回拒宫一郎。如果那样，宫一郎就一定会滔滔不绝地劝说他买那块地。而广源采取了回避的态度，装作好像根本没听懂宫一郎的话，没有给他劝说的时间，在结束谈话时轻轻一拒，不失为高明之法。

装傻并不是真傻，而恰恰是一种高明的阴柔之道，它真正体现的是你的聪明与灵活。

拒绝要留台阶

拒绝是一种常见的现象，但怎样拒绝而不使人难堪，让人有台阶可下，则有一定技巧。这里列举几种恰到好处又不失礼节的拒绝方式：

1. 态度上要表现得友好和热情

一位青年作家想同某大学的一位教授交朋友，以期今后在文学艺术创作和理论研究方面携手共进。作家热情地说："今晚6点，我想请你在海天餐厅共进晚餐，我们好好聚一聚，你愿意吗？"事情真凑巧，这位教授正在忙于准备下星期学术报告会的讲稿，实在抽不出时间。于是，他微微地笑了笑，又带着歉意说："对你的邀请，我感到非常荣幸，可是我正忙于准备讲稿，实在无法脱身，十分抱歉！"他的拒绝是有礼貌而且愉快的，但又是那样干脆。

这位教授虽然拒绝了青年作家，但态度热情诚恳，因此，并没有让青年作家产生不快，而是愉快的接受了对方的理由。

2. 拒绝之前要表明你对他的同情

黄女士在民航售票处担任售票工作，由于经济的发展，乘坐飞机的旅客与日俱增，黄女士时常要拒绝很多旅客的订票要求，黄女士每每总是带着非常同情的心情对旅客说："我知道你们非常需要坐飞机，从感情上说我也十分愿意为你们效劳，让你们如愿以偿，但票已订完了，实在无能为力。欢迎你们下次再来乘坐我们的飞机。"

黄女士的一番话，让旅客再也提不出意见来了。

3. 对于难缠而麻烦的对手，暗示你对他的漠视

称呼名字，表示了双方关系的密切程度，代表着对对方人格的尊重程度。如双方见过面，对方却记不起自己的名字，就是根本没有把自己放在眼里。

若是不想答应对方的要求，而对方却死死地纠缠，也没有顾及太多的礼貌。可以故意假装不知道对方的名字，暗示他的事包括他本人对你来说不重要。这是一种实用的心理技巧，对于惹人厌烦或有意轻视疏远的对象，就故意问："啊，我忘记了，你的名字叫什么？"但要小心使用，这种问法，一定会给对方以相当大的打击。

拒绝领导讲艺术

领导委托你做某事时，你要善加考虑，这件事自己是否能胜任？是否不违背自己的良心？然后再做决定。

如果只是为了一时的情面，即使是无法做到的事也接受下来，这种人的心似乎太软。即使是很照顾你的领导委托你办事，但自觉实在是做不到，你就应该很明确地表明态度，说："对不起！我不能接受。"这才是真正有勇气的人。否则，你就会误大事。

当然，拒绝领导是要讲究方法的，因为领导不是一般人，他有可

能决定你一生的前程，不容轻易得罪。但如果你能采取一些巧妙而又行之有效的拒绝方法，那你尽可以大胆说一句："领导的话就敢不听。"不过这里要声明的就是这只是针对领导提出的一些不合理要求而言的。

当领导提出一件让你难以做到的事时，如果你直言答复做不到时，可能会让领导有损颜面，这时，你不妨说出一件与此类似的事情，让领导自觉问题的难度而自动放弃这个要求。

甘罗的爷爷是秦朝的宰相。有一天，甘罗见爷爷在花园走来走去，不停地唉声叹气。

"爷爷，您碰到什么难事了？"甘罗问。

"唉，孩子呀，大王不知听了谁的教唆，硬要吃公鸡下的蛋，命令满朝文武想法去找，要是三天内找不到，大家都得受罚。"

"秦王太不讲理了。"甘罗气呼呼地说。他眼睛一眨，想了个主意，说："不过，爷爷您别急，我有办法，明天我替你上朝好了。"

第二天早上，甘罗真的替爷爷上朝了。他不慌不忙地走进宫殿，向秦王施礼。

秦王很不高兴，说："小娃娃到这里捣什么乱！你爷爷呢？"

甘罗说："大王，我爷爷今天来不了啦。他正在家生孩子呢，托我替他上朝来了。"

秦王听了哈哈大笑："你这孩子，怎么胡言乱语！男人哪能生孩子？"

甘罗说："既然大王知道男人不能生孩子，那公鸡怎么能下蛋呢？"

甘罗的爷爷作为秦朝的宰相，面对皇帝的无理请求，却又找不到合适的办法拒绝。甘罗作为一个孩童，能如此得体地拒绝秦王，并让秦王不得不放弃自己的无理请求，实在是大出人们的意料。也正因为如此，秦王才有"孺子之智，大于其身"的叹服。以后，秦王又封甘罗为上卿。

现在我们俗传甘罗十二岁为丞相，童年便取高位，不能不说正是甘罗的那次智慧的拒绝，才使秦王越来越看重他的。

当领导提出某种要求而下属又无法满足时，设法造成下属已尽全力的错觉，让领导自动放弃其要求，这也是一种好方法。

比如，当领导提出不能满足的要求后，就可采取下列步骤先答复："您的意见我懂了，请放心，我保证全力以赴去做。"过几天，再汇报："这几天×××因急事出差，等下星期回来，我再立即报告他。"又过几天，再告诉领导："您的要求我已转告×××了，他答应在公司会议上认真地讨论。"尽管事情最后不了了之，但你也会给领导留下好印象，因为你已造成"尽力而做"的假象，领导也就不会再怪罪你了。

通常情况下，人们对自己提出的要求，总是念念不忘。但如果长时间得不到回音，就会认为对方不重视自己的问题，反感、不满由此而生。相反，即使不能满足领导的要求，只要能做出些样子，对方就不会抱怨，甚至会对你心存感激，主动撤回已让你为难的要求。

你也可以利用群体掩饰自己，含蓄地点出"不"字。例如，领导要求你做某一件事时，其实你很想拒绝，可是又说不出口，这时候，你不妨拜托其他两位同事和你一起到领导那里去，这并非所谓的三人战术，而是依靠群体替你做掩护来说"不"。首先，商量好谁是赞成的那一方，谁是反对的那一方，然后在领导面前争论。等到争论一会儿后，你再出面含蓄地说"原来如此，那可能太牵强了"，而靠向反对的那一方。这样一来，你可以不必直接向领导说"不"，就能表明自己的态度。这种方法会给人"你们是经过激烈讨论后，绞尽脑汁才下的结论"的印象，而包括领导在内的全体人士都不会有哪一方受到伤害的感觉，从而领导会很自然地自动放弃对你的命令。

拒绝领导的方法有许多，一定要看好时机，用最自然的形式将你的本意暗示出来。不要惧怕，只要方法得当，和领导也能有商量。

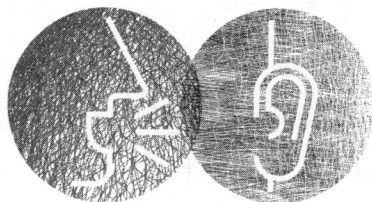

Part8 天下没有陌生人

寒暄是打开话匣子的钥匙

话是开心锁。当两个陌生人相遇，只有他们讲过话之后，才会开始真正的交流。我们把这两个人初次见面所讲的见面语称为寒暄。寒暄是交谈的润滑剂，它能在陌生人之间架起友谊的桥梁。

由于两人初次见面，对彼此都不太了解，往往陷入无话可说的尴尬场面。这时我们不妨以一些寒暄语为开头，比如："天气似乎热了点！"或者"最近忙些什么呢？"等等。这些寒暄会传达出我们渴望与对方友好相处的信息，而这些信息会迅速转化为双方气场交流的能量。虽然这些寒暄语大部分并不重要，但它们传达出的能量却让双方奠定了交流的基础，使初次见面者免于尴尬的沉默。

如果我们想与陌生人愉快地开始交谈，就要掌握好寒暄的方式。我们可以从天气谈起。天气属于一个比较中性的话题，很少会散发出恶性能量，对双方话语气场的交流不会造成什么恶劣的影响。另外，天气是关系到国计民生的普世性话题，比较容易拉近双方的距离。

我们还可以询问对方的工作进展、身体状况，等等。比如可以说："这一阵工作忙吗？快毕业考试了吧？你看起来神清气爽，是不是有喜事呢？"这样的话语会传达出我们对他人淡淡的关心，它所传达出的正面能量会使对方感到深深的暖意，这使得他们乐于主动敞开心扉，与我们进行话语气场上的互动。

另外，我们还可以选择从对方的行动谈起。比如：看到对方下班，可以问一句："下班啦。"这句"下班啦"就显示出我们对他们的关注。这种关注同样也会传达出想要与他人交往的信息。只要他人不拒绝,那么双方的交流就会从此展开。

寒暄语的运用就像用一把钥匙打开了话匣子,可以帮助我们和他人顺利地谈话。不管采用何种方式,寒暄都是打开对方话匣子的宝贵钥匙。

有一天,高飞接到了报社给他的采访任务。点开主编发来的邮件,只见上面赫然写着:采访业界人士楚军。要知道,楚军可是行内的金牌记者,大家公认的权威。要去采访这样一个人,高飞感到压力很大。不过,他还是抖擞精神开始查各种关于楚军的资料。

忽然,他翻着翻着,看到了有关楚军的一份简介材料,上面写着楚军的生日是 6 月 23 日。高飞看了看日历,还有不到十天。如果能……高飞马上有了主意。

6 月 23 日,高飞准时来到了楚军位于市郊的家中。

在开始正式采访之前,高飞先有礼貌地向楚军说道:"楚老师,首先我仅代表我们报社及我个人祝福您。"

"我的生日?我自己都忘了,没想到还有人记得。"老先生动容地扬了扬眉毛说道。

"您是我们的前辈啊。"高飞动情地说道。

"我是民国十二年生人,到如今已经 82 岁了。已经是老朽,来日无多。这也值得庆贺?"老爷子调皮地扬了扬眉毛。

显然,高飞的问候已经让楚军对他有了好感,所以楚军不禁和他开了个小小的玩笑。

"楚老师,我爷爷已经 86 岁了。如果我要讲他是老朽,他一定会拿拐杖打我的。"高飞做出了一副害怕的样子。

高飞和楚军都笑了起来。采访气氛就这样十分融洽而轻松地形成了,接下来便是高飞此行的真正目的，他将谈话引入正题。

"楚老师，我想请教您几个大家都十分关心的问题，不知您能否给我一个圆满的解答。""我尽自己所能吧，尽量不让你感到失望。"

高飞的采访取得了成功。正是他在采访开始前一个恰如其分的祝贺生日的寒暄为他赢得这个机会。高飞在楚军生日的时候恰如其时地送上了祝福，其实是向楚军传出了一个友好的信号，而这个信号带来了令人喜悦的正面能量，使楚军一下子就对他产生了好感。从他送出祝福的寒暄这一时刻起，他的采访就获得了一个良好的气氛，双方的话语气场并没有产生冲突，他的采访也都得到了满意的答复。

故事中，高飞之所以能获得成功，是由于他明白：人与人之间的交谈其实是一种感情的交流。而见面时的寒暄正是联络感情的必要手段。一番寒暄之后切入正题就会使事情变得顺利多了。

在现实生活里，当你觉得和对方开始交谈有一定的困难时，不妨向高飞学习，先和他讲一些寒暄的话，并在赢得对方好感的基础上逐步展开话题。这样一来，你们的谈话就会变得自然顺畅了。

激发对方说话的情绪

小时候，父母总是这样教育我们，在外边不要随便和陌生人讲话。而幼小的我们也把这句话当做不容置疑的真理遵守不辍，以至于现在已经是成年人的我们也不会轻易跟陌生人答言。这一切都是人们普遍存在的防备心理所致。

　　但是如果大家都不喜欢开口讲第一句话，那么我们的话语气场就会一直处在封闭的状态，我们的交往范围就会越来越小。所以，在有些场合，如果周围的陌生人都不想开口讲第一句话时，你就应该学会去激起谈话对象的某种情绪，让他慢慢开始滔滔不绝。

　　假如你正坐在火车上，你已坐了很久了，而前面还有很长很长的路程。你想与他人讲讲话，这是人类的群体性在作祟，而你要尽力使你的谈话显得有趣和富有刺激性。这样才能引起他人的兴趣，开始双方话语气场之间的正向能量的交流。

　　坐在你旁边的一位像是一个有趣的家伙，而你颇想知道他的底细，于是你便搭讪道："对不起，你有火柴吗？"

　　可是他一句话也不讲，只是点点头，从口袋里掏出一盒火柴递给你。你点了一支烟，在还给他火柴时说了声"谢谢"，他又点了点头，然后把火柴放进了口袋里。

　　你继续说："真是一段又长又讨厌的旅程，你是否也有这种感觉？""是的，真讨厌。"他同意着，而且语调中包含着不耐烦的意味。"若看看一路上的稻田，倒会使人高兴起来。在稻谷收获之前的一两个月，那一定更有趣。"

　　"唔，唔！"他含糊地答应着。

　　这时你再也没有勇气说下去了。很显然，你提起的这个话题并没有成功地引起对方的兴趣。从他的态度来看，他的话语气场是封闭的，而且根本不打算敞开心扉与你进行交流。这时，如果你还有与他交流的想法，就要去寻找他感兴趣的话题。

　　假如有一个话题能引起他的兴趣，那么无论他是如何沉默的一个人，他也愿意打开自己封闭的话语气场，讲出自己的一些看法，加入到你提起的话题之中。于是，你在谈话停滞之后，思考了一番，又重新开始了。

"天气真好，爽快极了！"你说，"真是理想的踢球时节。今年秋季有好几个大学的球队都很出色呢！"

那位坐在你身旁的乘客直起身来。

"你看理工大学球队怎么样？"他问。

你回答："理工大学队很好，虽然有几个老将已经离队，然而几位新人都很不错。"

"你曾听到过一个叫李明的队员吗？"他急着问。

你的确听说过这个球员，你猛然发现此人和李明长得很像，立刻毫无疑问地判断李明定是此人之子。于是你说："他是一个强壮有力、有技巧，而且品行很好的青年。理工大学队如果少了这位球员，恐怕实力将会大减。但是李明快要毕业了，以后这个队如何还很难说。"

这位乘客听了这话便兴高采烈、滔滔不绝地谈了起来。

由此可见，这次你终于触动了对方说话的情绪了。他感兴趣的话题是儿子李明。这时，他终于可以向你敞开心扉，心甘情愿地为双方话语气场的交流源源不断地提供能量。而且他的情绪一上来，就很难控制，谈话就会滔滔不绝。

在日常生活中，和陌生人谈话的场合是不可避免的。只是因为陌生而产生的紧张压抑的气氛抑制了大家说话的勇气，这时，必须想办法挑起一种快乐的情绪，让所有人都参与到交谈当中来。

一般说来，对一个素不相识的人，只要事先做一番认真的调查研究，你往往都可以找到或明或暗、或近或远的亲友关系。而当你在见面时及时拉上这层关系，就能一下子缩短彼此的心理距离，使对方产生亲近感。

一个人爱不爱说话，他的情绪状况起着至关重要的作用。有很多沉默寡言的人，只要你能激发他们说话的情绪，他们马上也会变得滔滔不绝。

从对方身上的亮点说开去

俗话说："尺有所短，寸有所长。"人人都有可供夸耀的长处，也都有避之唯恐不及的短处。当我们与初次相交者进行交谈时，如果以直接或间接地赞扬对方的长处作为开场白，就会挑动对方敏感的神经。他们就会表现得异常高兴，而且你通过赞美所传达出的充满友善意味的能量使他们对你产生好感。这样，对方交谈的积极性也就得到极大激发。反之，如果有意或无意地触及对方的短处，就会触发对方心中的负面能量，对方的自尊心就会受到伤害，他就会感到"话不投机半句多"。

被誉为"销售权威"的霍伊拉先生的交际诀窍是：初次交谈一定要扬人之长避人之短。有一回，为了替报社拉广告，他拜访梅伊百货公司总经理。寒暄之后，霍伊拉突然发问："您是在哪儿学会开飞机的？总经理能开飞机可真不简单啊。"话音刚落，总经理兴奋异常，谈兴勃发，广告之事顺理成章地安排给了霍伊拉先生。

为什么霍伊拉先生会成功地拿下这个广告呢？就是因为他抓住了总经理自以为最突出的特点。这个特点会引发总经理身上最积极向上的能量。如果霍伊拉先生称赞总经理能够掌管梅伊这样大型的百货公司就不会收到同样的效果。因为总经理会觉得霍伊拉先生非常虚伪，没有诚意。

由此可见，就对方身上的亮点开始谈话会得到意想不到的效果。其实，这也是有依据的。

　　无数事实证明：每个人都希望被赞美，但关键是如何找到别人可赞美的亮点。如果没有找到别人的亮点而只是盲目地赞美，或者是赞美起来没完没了，那后果可就糟糕极了。

　　就比如我们要是对一位清洁工人进行这样的赞美："你真是一位成功人士呀！你具备非凡的气质，你是一位非常伟大的人！"对方一定会认为我们是神经病，因为这些赞美丝毫不会引起对方与我们的话语气场进行交流的兴趣，因为这些话好像跟他没有任何关系。

　　此外，有些人很善于找到别人身上的亮点，但因为没有掌握住赞美的分寸，喋喋不休地赞美，那后果也是不堪设想的。比如日本超级保险推销员原一平刚开始运用赞美时就犯下了一个错误。

　　原一平到一位年轻的小公司老板那里去推销保险。进了办公室后，他便赞美年轻老板："您如此年轻，就做上了老板，真了不起呀，在我们日本是不太多见的。能请教一下，您是多少岁开始工作的吗？"

　　"17 岁。"

　　"17 岁！天哪，太了不起了，这个年龄时，很多人还在父母面前撒娇呢。那您什么时候开始当老板呢？"

　　"两年前。"

　　"哇，才做了两年的老板就已经有如此气度，一般人还真培养不出来。对了，你怎么这么早就出来工作了呢？"

　　"因为家里只有我和妹妹，家里穷，为了能让妹妹上学，我就出来干活了。"

　　"你妹妹也很了不起呀，你们都很了不起呀。"

　　就这样一问一赞，最后赞到了那位年轻老板的七大姑八大姨，越赞越远了。最后，这位老板本来已经打算上原一平的保险的，结果也不买了。

　　后来，原一平才知道，原来那天自己的赞美没完没了，本来刚开始时，他听到几句赞美后心里很舒服，可是原一平说得太多了，搞得他由原来的高兴变得不胜其烦了。

原一平的推销失败了。他失败的原因并不是他没有抓住对方的亮点，而是他把对方那些亮点都罗列了起来。这样不分主次，亮点也就不能成为亮点了。对方自然就会失去和原一平继续交流下去的兴趣。兴趣没有了，双方话语气场交流的纽带就断了。

古语有言：过犹不及。我们在实施"巧言"的时候，不仅要会找对方的亮点加以赞美，更要注意赞美的分寸，遵循适度的原则。

平时，当我们到朋友家里做客时，看到客厅墙上有一幅山水画，我们往往会情不自禁地赞许道："这幅画真不错，给这客厅平添了几分神韵，显出了几分雅致，谁买的？眼力可真好！"也许，这句话只是我们不经意间随便说出来的，但我们的朋友会感到很欣慰，心中的滋味一定很不错。

如果你是一位业务人员，和顾客初次接触也可以这样。一番寒暄过后，身旁的一切都可以成为恭维的话题。可以对接待室的装潢设计赞叹一番，还可以具体地谈及一下桌上、地上或是窗台上的花卉或盆景等。这些花卉和盆景造型如何新颖独特，颜色亮度等又是如何搭配得当，甚至还可以对它们的摆放位置用"恰到好处，错落有致"一类的词语来形容一番。这样就可以在最短时间内建立起你和顾客之间话语气场交流的桥梁，你就可以成功地展开对自己业务的推销。

如果我们是诚心诚意地想和我们的交谈对象进行交往，就不难发现他们身上的亮点。而寻找对方的亮点需要我们开展丰富的想象力，并发扬创造精神。因为赞美是说给人听的，赞美物件时，必须与人挂上钩，我们只是称赞东西有什么特色，是无法突出对人的赞赏的。要紧紧盯住对方的知识、能力和品位进行称赞。这样，我们才能在双方交流的过程中获得话语气场操纵权。

共同话题可使初识如故人

美国耶鲁大学的一位教授在他的散文《人类的天性》当中写道：

在我 8 岁的时候，有一次到莉比姑妈家度周末。傍晚时分，有个中年人慕名来访，但姑妈好像对他很冷淡。他跟姑妈寒暄过一阵之后，便把注意力转向我。那时，我正在玩模型船，而且玩得很专注。他看出我对船只很感兴趣，便滔滔不绝讲了许多有关船只的事，而且讲得十分生动有趣。等他离开之后，我仍意犹未尽，一直向姑妈提起他。姑妈告诉我，他是一位律师，根本不可能对船只感兴趣。"但是，他为什么一直跟我谈船只的事呢？"我问道。

"因为他是个有风度的绅士。他看你对船只感兴趣，为了让你高兴并赢取你的好感，他当然要这么说了。"

在教授的描述中，这位中年人与当时只有 8 岁的教授是初次相识。可是年幼的教授总是在姑妈面前提起他，原因就在于中年人找到了与小孩子的共同话题——船只。人们在自己感兴趣的东西面前总是表现得很开放。年幼的教授也不例外。他的话语气场很快就和中年人的话语气场以船只引发的积极能量为纽带而互动起来了。可见，谈论别人感兴趣的话题能够很容易地拉近人与人之间的距离。

　　我国古代有一句名言叫做"酒逢知己千杯少"。两个意气相投的人在一起总觉得有说不完的话。因此，我们在和陌生人交往时，不妨多多寻求彼此在兴趣、性格、阅历等方面的共同之处，使双方在越谈越投机的过程中获得更多关于对方的信息，迅速拉近距离，增进感情。其实，谈论别人感兴趣的话题，对双方都有好处。不仅可以使人对你产生兴趣，钦佩你，而且可以使自己更关心别人，关心他人对自己的要求。

　　小何是一位铁杆球迷，有一次在去广州的火车上，她的同座是位天津口音很浓的小伙子，闲来无事，小何和他侃起来。她得知他是天津人时故作惊讶，然后顺口赞美天津人的直爽、够朋友，说自己有好几位天津籍朋友，人特热心。小伙子自然高兴，自报家门，说他叫李庆，是天津人，并说天津人很关心朋友。而小何话锋一转，说天津人也很团结，特别是天津女排，虽然每位队员都不是非常出色，但她们团结一致，奋力拼搏，经常取得好的成绩。恰巧李庆是位球迷，两人直侃得天昏地暗，下车后互留了通讯地址。在李庆的介绍下，小何认识了很多球迷，其中有一位就是她这次准备争取的客户。于是小何轻松地完成了这次推销任务，也为公司赢得了一家大的客户，便值得高兴的是结交了许多朋友。

　　在与李庆交谈时，小何先是从"天津人"这个话题入手，然后转到"排球"这个两人都感兴趣的话题上。"排球"这个共同的兴趣话题散发出强大的吸引力，成为了双方话语气场交流的奠基石。随后，这块奠基石又衍生出了更多积极的交往能量。经过一番对排球的一番"神侃"之后，李庆和小何很快加深了了解，成为好朋友。而排球这个话题展现出来的衍生能量又帮助小何扩大了他的话语气场发生效力的范围。一位她要争取的客户也因为排球和她签约了。

在通常情况下，两个初次见面的人，会因为不了解对方的性格、爱好、品性如何而常常陷入难熬的沉默与尴尬之中。这时，我们就应当主动出击，先在语言上与对方进行磨合，等找到了对方的兴趣所在，就可以以此作为共同话题。这样，双方之间的距离很快就会拉近了。我们的话语气场也会很快发挥强大的操控作用。

细节描述让对方身临其境

生活中的我们总是对自己亲身经历过的事情记忆犹新。在与他人交流时，如果对方也能体会到我们这种感觉，那么双方的话语气场交流的能量就会融合度极高，双方的交往就不会出现任何的障碍。所以，如果我们想要将自己的话语气场的功用发挥到最大，就要给与我们交流的对方制造一种"身临其境"的感觉。

人们常说细微之处见精神。与他人交流时，如果能将与主题有关的细节描述得具体生动，就会给人一种栩栩如生、身临其境的感觉，就可以大大增强讲话者所说的话的感染力。

林肯律师又一次站在法庭上面对大众慷慨陈词。这次他辩护的对象是一位风烛残年的老妇人，独立战争时代的烈士遗孀。她最近去领取抚恤金时，出纳员竟要她交纳一笔手续费，而手续费竟占去了抚恤金的一半！无奈的老妇人只好找律师帮忙。

于是，双方上法庭进行了辩论。出纳员矢口否认要交纳手续费的事实，而老妇人又拿不出证据，形势对她很为不利。

这时，林肯作为老妇人的律师当即站立起来，他以真挚的感情叙述了独立战争前美国人民所受的苦难生活，叙述了 1776 年独立战争中爱国志士如何浴血奋战的悲壮情景。讲着讲着，他的锋芒直指那个企图勒索烈士遗孀的出纳员：

"独立战争的英雄早已长眠地下，但他们的遗族还生活在人间，站在我们面前的就是其中的一位。她在从前也是一位美丽的姑娘，也曾有过幸福的家庭，然而，为了我们争得自由，作出了巨大的牺牲，落得晚境凄凉，吃用无着。相比之下，我们都是受益者，按理说，受益者应向牺牲者表示敬意和爱护，可是有人竟还要向她进行罪恶的勒索，我们能容忍这种行迳吗？大家能熟视无睹吗？"

人们深深地被林肯的演说感动了。有几个旁听者竟冲向那个出纳员，怒吼着要撕裂他。有的当即慷慨解囊帮助烈士的遗孀。最后法庭通过了保护烈士遗孀不受勒索的判决。

在场的很多人都没有亲自参加过独立战争，但是为什么他们会情绪激动，为之动容？这一切都源于林肯对于细节的描述使听者产生了"身临其境"的感觉。在林肯的讲述过程中，听众会不自觉地将这些细节连接起来，组成一幅连贯的图画。人们会突然意识到眼前这个风烛残年的人忍受了多少艰难困苦才活到今天。人们意识到这一点的时候也是这幅图画越来越清晰地展现在听者头脑里的时候。这时，他们身体里所散发出来的能量与讲述者渴望交流的能量有着惊人的一致性。双方话语气场的交流不存在任何障碍。

这就是恰当的细节描述所带来的震撼性效果。要想打动你的听众，就应该带他们进入你所描述的意境，让他们仿佛置身其中，仿佛亲眼目睹、亲耳所闻，这样的言辞才是真正有感染力的言辞。

前苏联著名幼儿教育家波维卡娅也很喜欢在教学中使用摹状手法，

充分调动动作、姿态去表演，运用口技去摹声，课堂里充满笑声。摹状最大的作用就是诉诸人的感觉。孩子们可以在听到老师的口技之后有一种身临其境的感觉。这样，孩子想要交流的信息和能量就与老师的趋于一致。孩子与老师之间的交流就不会产生任何障碍。

所以，在与他人进行交流时，如果我们能够使对方产生"身临其境"的感觉，那么双方交流过程中的一切障碍都会变得微不足道。因为对方所要传达的能量与我们所要传达的能量非常近似。这时，我们的话语气场可以不费吹灰之力就奠定了自己的强势地位。

适时提问与听众形成互动

生活中，我们经常可以看到这样的现象：有一个人在他人面前唾沫横飞地讲，可是却没人真正关心他在讲什么。他的那些所谓的"听众"或者走神，或者玩手机，或者窃窃私语。总之，就是没有一个人在听他讲。这是为什么呢？

这位说话者最大的弊端就在于没有顾及到他的听众的感受。他只顾自己在那里唾沫横飞地讲，没有与听众的情感交流，没有让听众参与进去。这样的讲话毫无意义。所以，在与他人交流时，我们要注意与听众形成互动。

圣弗朗西斯科的喜剧教练约翰·坎图建议，通过唤起听众情感上的共鸣，让他们参与到讲话中来。"有一些特殊事件对人有很多特别意义——他们的中学时代，他们的第一辆车，他们的第一次约会。"他说，"设法将这些事件引入到你的演讲中去。"这和让听众回想与他们约会的第十个人一样简单。"任何听你讲话的听众都会不由自主地想到那个人。"约翰解释说，"他们会强烈地融入你的演讲。"

这里只有一件事需要注意——你必须澄清为什么你要让听众想这些情感上的东西。"它必须与你的讲话有关并且能够说明问题。"约翰说，"幸运的是，这很容易做到。只要在你的演讲中找一些可以引起类似感觉的情况，然后将它与你要让听众想象的东西联系起来就行了。想一下你的第一次约会，还记得你是多么兴奋、害怕，而又高兴吗？这就是我走进银行，申请贷款开公司时的感觉……"

约翰·坎图还建议，通过唤起听众所有感官的记忆，让他们参与进来。他特意描述了一个运用所有感官的情况。"你还记得高中时吗？所有人都在大厅里走来走去，所有人都围着你讲话，那个地方闻起来像公共厕所。""你不要过多地使用它。"他提醒说，"但是这可以帮助保持听众的参与。"

为什么要让听众参与到讲话当中来呢？因为只有参与进来之后，他们才会觉得自己是其中的一员。他们才会认真地去思考一些问题，并努力寻找双方气场的契合点。他们在参与过程中，会不断散发出寻找与演讲者达成一致的信息和能量。而这些信息和能量会被讲话者接收到。最终，双方会在某个点上达成一致。而那时，双方气场就会达到共振。

另外，演讲中在适当的情境下进行提问可以缩短与听众的距离，满足听众的好奇心，营造宽松的气氛，有利于讲话者奠定话语气场的权威地位。不过，要想保证提问的适度原则，就要注意以下几个方面。

首先，提问要适时而发。要在气氛很融洽的情况下进行。这样的气氛会带来听众话语气场的开放。这样听众才能更好地同你配合。如当你讲到现实生活中机构臃肿，办事艰难，你的观点又引起了听众的共鸣时，你可这样发问："朋友，刚才我说到的这种'门难进，脸难看，事难办'的现象，您碰到过没有？"

其次，提问要视事而发。在听众有一种强烈的探讨欲、表现欲时可进行提问。这时，你的提问会令你的话语气场的吸引力展现出更大的影响。比如你在演讲中讲到大家很敏感的"金钱"问题时，可以这样问："有人大声呼喊，'世上只有金钱好，没有金钱不得了'，在座的诸位，你们说对吗？"这时，听众一定会争先恐后给出你相应的答案。

再次，要问得简洁。提问次数不能太多，每次提问要简短，问题的答案要能让听众在很短的时间内答出来，甚至在潜意识驱使下就能作答。这样才能使听众不会心生厌烦，不会失去与我们交流的兴趣，不会关闭自身的气场。切忌内容晦涩难懂，用词佶屈聱牙。

最后，要问得真诚。除了在不得已的情况下，比如想通过提问来平息喧闹时，一般不要问得离奇、问得庸俗、问得莫名其妙，要示之以诚，发自真心。

如果你想让让听众参与到交流中来，就可以给他们一个没有危险性的问题，让他们举手回答。这一动作不仅可以提高听众的精神状态，而且还能提高他们的接受能力。我们也可以在他们浑然不觉之间完成对他们的话语操控。

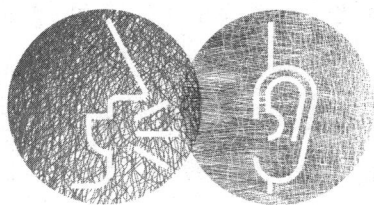

Part9 好口才可以掌握主动权

不要成为他人眼中的顽石

在日常生活中，人际交往往往伴随着双方气场的相互作用与影响而走向亲密或疏远。气场的正负强弱在人际交往中起着主导性的作用。我们要增强自己的正气场，使自己的吸引力与影响力朝着正面积极的方向发展。这样，你优秀的口才才有用武之地，你的人际交往才会一帆风顺。反之，则会对你的人际交往造成不可估量的损失。

当汉尼森在人力资源部门工作的时候，一位 35 岁的男士给他带来了最不好的印象。他完全有能力胜任公司实验室的工作，并且有着很好的性格，但可怕的是，他来面试时候，头发凌乱地扎成一束马尾辫。

主管向他解释这份工作会经常和客户打交道，而他大手一挥，语出惊人："我的打扮没得商量，老兄！我是一位科学家。"

汉尼森一直想知道这个人后来如何，不过不管怎样，他的那次面试失败了。

在这个例子中，这位男士不仅不注重自己的外在形象，而且当汉尼森向他提出善意的劝告时，他反而轻蔑地拒绝。从外在形象到语言，他一步步加强自己的负气场并输出排斥他人的信息。

当我们与他人进行交谈时，双方的气场就会进行互动交流。这时，无论你发出什么样的气场，对方都会做出相同的反应。在这个例子中，面试者的负气场只能使汉尼森的负气场也不断加强。这不仅不能使双方在互动中发现契合点，发生气场共振，反而会使这两个气场互相之间产生强烈的排斥与攻击性。到最后，这场交往只能是不欢而散。

那么，怎样做才不会成为他人眼中的顽石呢？首先是自己对交往有着强烈的渴望，这种渴望会使你的气场充满正向能量并富于吸引力。接下来，便是气场之间的接触与互动，气场的互动实际上是你与对方全部信息的交流，并通过这种交流激发起双方进一步交往的愿望。在气场互动过程中，只要保持高度的开放与充分的能量交换，就一定会找到双方的契合点。如此，你才有机会展示自己的口才，你们的交往才会在一片舒适与快意中走向和谐。

有一种感性的经验，相信你不会陌生。当我们初次见到一个人时，不论是因为什么——或许是衣着、外貌、谈吐、习惯甚至仅仅是匆匆一瞥——一旦我们对这个人产生了坏印象，之后无论我们怎么强迫自己要公正、要平心静气、要试着去慢慢认识一个真实的他，无论这种努力有多么强烈，都很难说服我们的感觉。这从心理学上讲就是首因效应和负因效应。

如果我们从气场的角度来看就可以这样理解：初次见面，你的内涵无论是科学家还是学者，他人从你的表面气场上却无法掌握全部信息，即使你的才华出众，口才绝佳，但是你还是可能败在而不拘小节这个细节之上。一旦你的负气场使人产生排斥与反感，你就会从此被贴上"难以相处"的标签。

一个粗心、固执、个人主义的人很容易在不经意间造成自己的负气场。在周围人的心目中，这种人像一块石头一样，又硬又重，既打不碎，又搬不走，顽固的在那里碍脚。而当别人提出善意的规谏，或是暗示出嫌恶意思的时候，这种人又会出于强烈的自尊心而变本加厉。可见，排斥性的负气场一旦产生之后，"石头"一样的人只有不断加强这种负气场，才能有存在感。而这只会使双方的气场都更具备攻击性，那么，人际交往如何进行得下去呢？

如果你想在人际交往中坐赢四方，那么，不要太固执，只顾着研究话语的技巧，而要更多地为别人着想，适时接受别人的建议，使自己的气场更加柔和，这样不仅你的气场具有吸引力，对方也会用同样亲切的态度来对你——你在对方眼中就不是一块冰冷的顽石，而是一块令人心动的美玉。

眼神是最有力的定向"信息流"

有一次，两个朋友乘车外出，其中一个很自信地说："我不用说话，也不需要有什么行动，就可以使坐在对面的这位女士让座位给我。"说完，他便开始专心致志地凝视对面那位年轻女士的眼睛。开始，她回头看了一眼那位朋友，好像没在意，那位朋友还是一直盯着她的眼睛。不久之后，那位女士果然站了起来走向后面，把位子让给了他。

这是个在交际场合中运用眼神的反面例子，却很恰当地说明了眼神在人际交往中所起的重要作用。不说一句话，仅仅通过眼神凝视，就让人觉得浑身不自在，最终离开这个交际场。恶意的眼神使你的负气场具备强烈的排斥与攻击性，所以那位女士才会走开。

反过来看，一个充满善意的眼神，能让你的正气场显现并具备强烈的吸引力，使气场的互动与共振最终成为现实。如果我们能在拥有良好的话语能力的同时，把眼神作为我们的有力武器，我们的社交之路就会更加一帆风顺。

卡耐基认为，只有在眼光接触的情况下，才能建立真正的沟通基础。我们都知道，情人眼里出西施。在每一个情人的眼里，对方都是完美无比的，而情人的眼神总是含情脉脉，充满对对方的肯定、赞美、欣赏、崇拜和期望。

同时，这种眼神的交流还有一个特点，那就是有一种强烈的期许与挑逗性。它通过发送自己对于对方的肯定性信息，希望对方了解并能做出同样的反应。从气场的角度来看，我们的每一个眼神中都包含了某种倾向性信息，而这种信息很容易被对方气场接收。你眼神里所包含的肯定性信息，正是对方所渴望的。如果我们在与他人的交往中，在言谈中加入这些肯定的眼神，这样，双方的交往就会进入到一个崭新的进程中。

既然眼神在交往中可以传递如此丰富而又有效的信息，那么，在交往中，你如果能够训练自己保持一个恰当而又灵活灵敏的眼神，时刻向对方传递信息，与对方作无言的交流，你的正气场将被无限激发，并产生强烈的吸引力。这样，双方的气场就会不断地融合。

眼神虽然不开口，却很容易被人分辨。一个有效的而被人肯定的眼神，首先是一个真诚而充满善意的眼神。试想，如果一个人故意挤眉弄眼的望着你，即使他想表现出对你的肯定与关注，但他的眼神却是那样闪烁不定，那样做作，那样故作慈悲。他的眼神不但不能令你欣慰，反而会让你觉得反感与恶心。欺骗的眼神最容易被发觉，也最能引起厌恶感。

而要使你具备一个真诚的眼神，最简单的莫过于尽量去发现对方的优点与长处，这些过人之处能够真正令你欣赏与佩服，你的眼神自然会流露出赞赏与肯定。就算一个人平淡无奇，甚至错误百出，你也要有一颗善良而包容的心，你要发自内心的宽容他并鼓励他，希望他好起来。如果你真的能这样想，你的眼神就真的会传递出这样的信息。眼睛是心灵的窗户，怎样的心灵，就会造就怎样的眼神。

当你发现了对方的长处与优点，或是对对方抱有宽容与鼓励的心态后，接下来你要做的，就是在你与他交谈时不断地用你的眼神将这些信息输送给他。这作为交际中对他的一种反应，比你用语言直接赞美他一万句还顶用，人们从眼神中更容易看见心灵的真实，而言语有时候是可以言不由衷的。

同时，你的善意的眼神一定要饱含深情，包含一种强烈的互动的渴望。你不仅对他传达你的肯定，还要对他表示你的仰慕与期许。而对于一般人来说，仰慕与期许无疑是最大的肯定，这会让他觉得自己的气场很有吸引力，而且表明你愿意和他接触。

在运用眼神时，一定还要考虑对方的文化背景，谨慎行事。比如与阿拉伯人说话时，一定要看着对方；与瑞典人交谈时，腰频繁地闪动秋波；与日本人交谈时，不要直瞪瞪地瞧着对方的脸，直瞪对方的脸是失礼的表现。

眼神会使你的气场强烈而具有吸引力，并表现出你渴望与对方互动的意愿，更容易引发对方气场向你倾斜并交流互动，最终找到双方的契合点。如果你善于用眼神去感染他人，你的话语气场就会迸发出强大的吸引力。而对方不仅会以同样善意的眼神作为回报，还将成为你话语的最佳聆听者。

微笑的力量：让他人无法拒绝你

俗话说：伸手不打笑脸人。一个总是保持着微笑的人，是让人很难狠心拒绝的。有人曾经做了一个有趣的实验，来证明微笑的魅力。

他给两个人分别戴上一模一样的面具，上面没有任何表情，然后，他问观众最喜欢哪一个人，答案几乎一样：一个也不喜欢，因为那两个面具都没有表情，他们无从选择。

然后，他要求两个模特儿把面具拿开，现在舞台上有两张不同的脸，他要其中一个人把手盘在胸前，愁眉不展并且一句话也不说，另一个人则面带微笑。

他再问每一位观众："现在，你们对哪一个人最有兴趣？"答案也是一样的，他们选择了那个面带微笑的人。

为什么观众会选择面带微笑的人呢？

首先，微笑代表了人们对于生活以及交际的态度。微笑传达的是人们心中的一份自信和坦然，这样人们的气场就会传达出积极向上的能量。而这些能量会吸引与他们交往的人，他们的气场就会变得强大而具有吸引力。

只有胆怯、惧怕、不自信、没有方向与力量感的人，才会整天愁眉苦脸，因为他不知道出路在哪里。而一个自信、有主见、有能力的人，能够清晰地看到自己应该努力的方向，遇事从容不迫、游刃有余，自然会微笑着面对一切。

同时，微笑也表达了一种善意，能产生很强的气场亲和力，使交际场合中的双方都感到轻松。微笑会传递你对他人的态度，一个微笑，就能令对方察觉你对他的肯定、赞扬、包容、鼓励与期望。微笑可以制造出一种宽容与接纳的感觉，这样，对方就会沉浸在被肯定的自我陶醉中，无法拒绝你。

也就是说，微笑是你的气场发出的一种信息能量，而这种信息能量正是对方的心灵与气场所强烈渴求的，你的气场既具备巨大的吸引力，又包含大量对方需要的信息，在互动交流中，你们将很容易找到双方的契合点，从而使双方的交往更加和谐。

既然微笑在人际交往中具有非常重要的作用，我们在与人沟通的过程中应该学会以微笑示人。如果我们想要在生活与交际中始终保持微笑，就要首先修炼自己的内在。只有你自己本身的素质与能力得到不断的提高，才能轻松而自然地露出微笑，这种微笑是一种自我肯定。为此，你需要在平时多读书、多思考，不断提升自己的专业技能。同时，还要不断地积累生活经验，遇事要注意保持冷静，然后用沉稳的思考方式问题。这样时间久了，你就会发现自己的能力得到了全面的提升。而你自身的正气场也将会不断得到激发与壮大，你的气场吸引力将是无穷的。

只有对他人始终保持善意，用一颗宽容的心去发现别人的优点，鼓励别人改正错误、克服缺点、不断上进，你才能在交际场中，对别人自然地流露出笑容。也就是说，你要让自己的心胸变得宽阔，才能对别人有善意的期许和自发流露的微笑。不过，如果你暂时还没有发现别人令你会心的特点，请不要刻意装出微笑——虚伪的笑容不仅让气场中没有吸引人的正向能量，而且一旦对方感知到你的气场波动与表情不符，交流的愿望就会受挫。微笑之所以令人亲近，其能量源于真诚。

在生活中，与人沟通的时候，只要你能在展现自信气场的同时，真诚的关爱他人，对他们发出源自你内心的善意微笑，他们又怎么舍得拒绝你呢？

仪容之美助话语更上层楼

在各种社交场合中，人们在开口交谈之前，往往会以貌取人。据一项权威调查，人们在初次见面时，外表所占的影响力要达到30%，在各种影响人们初次交往的因素中居于首位。不仅如此，外表还会给互不相识的人们带来最为深刻的第一印象，而第一印象往往会影响到他人对自己的看法与评价。

第一印象的形成，并不需要经年累月，往往由他人见到自己的头一眼所决定。当我们与一个陌生人接触时，我们就会敏锐地从他的外表捕捉到一些来自于他自身的信息。而这些信息正是我们对他们性格、气场等方面判断的依据。所以，如果我们想要加强自己话语气场的操控力，不妨从重视自己的外表仪容开始。

仪容就是指人的容貌，它由发式、面容以及人体所有未被服饰遮掩的肌肤等内容组成，在人的仪表美中占有举足轻重的地位。同时，它还是人们气场的重要组成部分。虽然气场是一种大象无形的东西，但是一个人的仪容却是他自身气场最直接的表现形式。

一个人的容貌之美，一方面来自于天然的遗传，另一方面则来自于自己后天的创造。而后天的创造就与他们自身气场的影响密不可分。

随着时光的流逝，人们的仪容也会发生变化，然而，人们可以用科学的、艺术的手法使自己的仪容更具美感。

一个人如果拥有仪容之美，他的气场就会由内而外地散发出一种充满美感的能量流。而他周围的人们也会深深地受到这种美感能量流的影响，从而表现出非常愿意与他亲近的行为。

仪容之美包括发式、面容、颈部及手部之美，个人礼仪对此均有明确的规定和具体的要求。

首先，我们要注意发式之美。发式美是人仪表美的一部分。头发整洁、发型大方是个人礼仪对发式美的最基本要求。整洁大方的发式易给人留下神清气爽的印象，而披头散发则会给人以萎靡不振的感觉。发式美是构成社会生活美的一部分。随着人类审美能力的不断提高，对发式美的要求也就越来越多样化、艺术化。一般来说，发式本身是无所谓美丑的，无论男女，当一个人所选的发式与自己的脸型、肤色、体形相匹配，与自己的气质、职业、身份相吻合时方能显现出真正的美。恰当的发式美会极大地增强个人气场的吸引力。决定发式美的许多因素是人所无法随意改变的，但通过对不同发式的选择，可以充分展现自己美的部分遮盖自己的缺陷，这样就可以将自身气场的优势充分发挥出来，同时，也可以起到扬长避短的作用。

其次，我们要重视面容之美。面容是人的仪表之首，是人体暴露在外时间最长的部位。面容的变化是最容易引起人们注意的。同时，我们自身气场哪怕是极小的变化也会在面容上暴露无遗。所以，充满魅力的面容就成为古往今来人们一直追求不懈的目标。而化妆就是通过运用丰富的化妆用品和工具，采取合乎规则的步骤和技巧，对脸面、五官及其他部位进行预想的渲染、描画、整理，以强调和突出人所具有的自然美，遮盖和弥补面部存在的不足和缺陷，以达到美容的目的。

美容化妆，要以自然真实为标准，以协调、高雅、精神、舒适为美，以清洁健康为中心。另外，在保持面容魅力的方面，还要注意性别和认知角度的差异。

最后，我们还要注意服饰之美。有人说："服饰是最生动的自我介绍。"因为服饰是一个人的教育、修养和情趣的外在表现，穿着是一门艺术。懂得这门艺术的人，会根据不同的场合，选择适时、合体的服装，充分展现自己的个性特征、风度、气质，显示出高雅的审美情趣。服饰所显示出来的内在气质正是我们自身气场最核心的组成部分。恰当得体的着装不仅会使我们自身获得生活的信心和生活的乐趣，还会帮我们赢得他人的欢迎。

在穿着服饰方面，我们要注意以下四个问题。一是所穿的服装要符合我们的年龄特征。年龄特征是我们自身气场最具时间性和阶段性的外在特征。二是要注意所穿服饰的色彩。每一种色彩都有着非常丰富的象征意义。而我们所选服装的颜色要与自身气质深深契合。三是要注意与个人所在环境的协调。我们总会根据环境的变化来对自身气场进行相应的调节，作为气场的最直接的表达形式之一，服饰也必须根据不同的环境来进行相应的调整。四是要注意与职业相协调。职业要求是我们个人气场中最稳定的部分。所以，我们的着装也要根据职业要求的不同来进行调整。

我国著名诗人李白曾在他的大作《清平调》中写到："云想衣裳花想容"。它的大致意思是说一个人的仪容之美可以让云儿动心，花儿羡慕。既然没有感情的云和话都可以为人的仪容而动心，何况人呢？所以，如果我们想让自己的"巧语"更上一层楼，就不妨将仪容之美作为一件秘密武器。这样，他人就会在赏心悦目之中心甘情愿地接受你的"巧语"的支配。

尊重本身也是一种征服

在我们已有的常识中，如果要我们想一个征服他人的办法，可能最先跳入脑海的就是武力征服和以理服人。在文明时代到来之前，如果想要征服他人，最直接也是最快捷的方式就是武力征服。而在文明时代到来之后，以理服人就成为了社会的普遍准则。人们在法治社会的规范下其乐融融。可能，聪明的你没有注意到，有时候，尊重本身，也是一种征服。

有一次，俄国作家屠格涅夫在街上散步，一个穷人走过来向他乞讨。于是，屠格涅夫就把伸手到口袋里，可是摸了好一会儿都没摸到任何东西。于是，他对那个穷人抱歉地说："兄弟啊，对不起，实在对不起，我没带吃的东西出来，钱袋也丢在家里了。"那人突然紧紧地拉住了他的手，连声说："谢谢您，谢谢您！"屠格涅夫既惭愧又惊异地问："你谢我什么呢？"那人回答："我原来只是想找点东西吃了以后就去自杀，没想到你称我为兄弟，给了我活下去的勇气！"

一声"兄弟"竟然唤起了一个绝望的人求生的勇气，屠格涅夫的言行何以有这么大的力量呢？这是因为他的言行之中包含了任何一个正常人都需要的东西——自尊。自尊之心，人皆有之。在日常生活中，人们总是很在意他人对自己的评价。无论是语言评价还是其他形式的评价无一不会牵动人们的心。由于来自外界评价的性质、强度和方式不同，人们做出的反应也不同，而这些反应就会对人们产生积极或消极的影响。通常的规律是：尊之则悦，不尊则哀。换句话说就是当得到肯定的评价时，人们的自尊心理就会得到满足，便会产生一种成功的情绪体验，他们的体内就会自然地生发出积极正面的能量，他们的气场就会闪耀着夺目的光芒。这时，他们就会表现出欢愉乐观和兴奋激动的心情，进而"投桃报李"，对满足自己自尊欲望的人产生好感和亲近力，采取积极的合作态度，促进双方气场的进一步融合，交际必然向成功的方向发展。

反之，当人们不受尊重，受到不公正的评价时，便会产生失落感、不满和愤怒情绪，这时，他们的体内就会散发出裹挟着浓浓怨气的负面能量，他们的气场也会随之发出恶臭的气味，进而出现与他人的对抗姿态，使交际陷入危机。

由此可见，从某种意义上来说，尊重就是一种征服。

有这样一个例子：

某校在评定职称时，由于高级职称的名额有限，一位年龄较大的姓张的教师未能评上。因为评选工作是保密的，这位老教师便向一位负责职称评定的副校长打听情况。副校长考虑到工作迟早要做，便和这位老教师促膝交谈。

校长：哟！老张，什么风把你给吹来了。

老师：校长，我想知道这次评高讲我有希望吗？

校长：老张，先喝杯茶，抽支烟。我们慢慢聊，最近身体怎么样？

老师：身体还说得过去。

校长：老年教师可是我们学校的宝贵财富，年轻教师还要靠你们传帮带呢！

老师：作为一名老教师，我会尽力的。可这次评定职称，不知道能否……？

校长：不管这次评上评不上，我们都要依靠像你这样的老年教师。你经验丰富，教学也比较得法，学生反映也挺好。我想，对于一名教师来说，这一点，比什么都重要，你说呢？

老师：是啊！

校长：这次评职称是第一次进行，历史遗留的问题较多，可僧多粥少，有些教师这次暂时还很难如愿，要等到下一次。这只是个时间问题。相信大家一定能够谅解。但不管怎样，我们会尊重并公正地评价每一位教师，尤其是像你们这些辛辛苦苦工作几十年的老教师……

老教师在告辞时，心里感觉热乎乎的，他知道自己这次评上高讲的希望不大，但由于自身得到了别人的尊重，成绩受到了别人的肯定，他们的气场也并未因为没评上职称而受到严重的打击，反而获得了一些由鼓励带来的积极能量。所以，老教师并没有感到沮丧，反而觉得心里热乎乎的。用他对校长的话来讲就是："只要能得到一个公正的评价，既使评不上我也不会有情绪的，请放心。"

可见，我们如果想要以尊重为武器征服他人，就要做到公正评价对方，随时给对方带来鼓励和希望，而不要以各种无聊的玩笑来挖苦、讽刺他人。如此，我们便可以将那一份积极的信息和能量传给了对方，而我们收获的必然是对方的真诚相待。我们对他人的话语气场的操纵也从此登场。

制造出"接纳"对方的感觉

上帝创造人的时候，为什么只有一张嘴，却有两只耳朵呢？——那是为了让我们少说多听。人们都喜欢听自己的声音，当他们希望别人能分享自己的思想、感情以及经验时，就需要听众。这是一种十分微妙的自我陶醉的心理：有人愿意听就觉得高兴，有人乐意听就觉得感激。

卡耐基一次到一个著名植物学家那里做客，整个晚上，那植物学家都津津有味地给卡耐基谈各种千奇百怪的植物。而卡耐基听得津津有味，目不转睛，像个特别喜欢听故事的孩子，中间只是偶尔忍不住问一两句。没想到，半夜离开时，植物学家紧握着卡耐基的手，兴奋地对卡耐基说："你是我遇到的最好的谈话专家。"

这次交流很有意思，整个过程完全像是这位植物学家的独白，卡耐基只是说了很少数的几句话。而就是这样一场独白式的对话，却比任何熟人之间的交流都要成功。卡耐基用很少的话，便轻松地把握了整场对话的方向。东方有句俗语叫"四两拨千斤"，说的是用很小的力量，便可以使千斤重压转移，卡耐基就是这样做的。

卡耐基为什么能通过看起来几乎都不能称之为沟通的谈话感动植物学家，引发气场共振？如果我们能正确的区分独白与诉说的含义，便能明白其中的奥妙所在了。独白与诉说都表现出主体一种强烈的主观愿望——向外界倾诉。在生活中，无论我们是遇到开心的事，还是被困难缠住，都希望能将自己的境遇对外界说出来。说出来不仅可以因情绪释放而使人轻松，更可以给我们一种希望：在诉说的过程中找到知音。知音不一定能实际的帮上什么忙，却可以令我们有一种心灵上的依靠与归属感。而独白与诉说的最大区别之处在于，独白是一个人的无奈诉说，没有听众，独自诉说可能让人更加绝望，甚至疯狂；诉说则有对象，很可能在一个优秀对象的倾听之下，使一切郁闷涣然冰释，走向平静，恢复到充满希望的状态。

也就是说，无论我们是开心还是痛苦，在情绪比较强烈的时候，我们的气场都处于极度饥渴的状态，并不断的发出信息与能量，期望在周围人的气场中，通过互动找到同频信息，产生共鸣，并通过气场共振来强化自己的气场。

与他人沟通是人的天性，每个人都有被接纳和被肯定的需求。既然如此，你只要能在沟通中满足对方的这一需求——这是一种天然的同频信息——你就可以像卡耐基一样，少言寡语却能获得别人千言万语都无法企及的效果，轻轻松松就获得了对方的好感。

具体来讲，你首先要使自己的气场始终处在积极而富于吸引力的饥渴状态。气场互动定律告诉我们，你的迫切状态也会引起对方的同样的迫切状态。这种积极而富于吸引力的状态，需要你在交往中始终保持诚恳而耐心的态度，对于对方的一切状态及其变化，都要及时把握，并立刻做出恰当的反应，表示你对他关切与重视的态度，这样自然会使你的气场时刻都具备足够强烈的吸引力，令对方不断向你靠近。推销员向顾客推销时，对顾客提出的种种问题表示关切，顾客就会感到很开心，接下来，顾客会很愿意向你讲出他内心的一切想法，因为他感觉到了你对他的重视、尊重与肯定，他觉得你在接纳他。

　　如果你已经成功的令对方主动向你靠近并最终向你开口，那么请记住，一个有素质的倾听者，一定是像卡耐基那样少说话而专注于对方的。不要打断对方，而要聚精会神地听他讲。当他讲到得意处或者当他情绪出现波动的时候，你一定要迅速做出反应，表示赞许、愤怒、同情或是惋惜。这些反应就是你气场发出的同频信息，能令他感受到你在认真听他讲，并且对他所讲的是有深切同感的，这很容易就与他的气场产生共振。这不但会令他有成就感，而且还会激起他继续说下去的强烈欲望。他会感觉，如果不好好说，如果对你有所隐瞒，他一定会深感愧疚的。

　　做一个优秀的听众，让他觉得你在接纳他，使你的气场时刻都具备强烈而积极的吸引力，你就很容易寻找到对方气场中渴望被倾听的同频信息，产生共振，享受交流的快感。

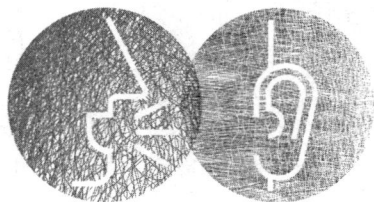

Part10 循序渐进，谈话水到渠成

如何诱导对方点头

一个人的思维是有惯性的，当你朝某一个方向思考问题时，你就会倾向于一直考虑下去，这就是为什么有些人一旦沉醉于某些消极的想法之后，就一直难以自拔的道理。在人际交往中我们应懂得并善于运用这一原理。

与人讨论某一问题时，不要一开始就将双方的分歧亮出来，而应先讨论一些你们具有共识的东西，让对方不断说"是"，渐渐地，你开始提出你们存在的分歧，这时对方也会习惯性地说"是"，等他发现之后，可能已经晚了，只好继续说"是"。

当人们发现他人与自己的共同之处时，就会马上迫不及待地要同对方进行同频信息的交换和话语气场的交流。这样，人们的注意力就都集中在双方已经建立的和谐交往的氛围中了。即使后边出现分歧，人们也会因为被良好的气场互动气氛所吸引而习惯性地将分歧也当成共同点，并答"是"。后来，尽管他们会发现，可是因为无法挽回，也只得如此罢了。

日本有个聪明绝顶的小和尚，他的名字可谓家喻户晓：一休。有一次，大将军足利义满把自己最喜爱的一个龙目茶碗暂时寄放在安国寺，没想到被一休不小心打碎了。就在这时，足利义满派人来取龙目茶碗。

大家顿时大惊失色，不知所措，茶碗已被一休打碎，拿什么去还呢？

一休道："不必担心，我去见大将军，让我来应付他吧！"

一休对将军说："有生命的东西到最后一定会死，对不对？"

足利义满回答："是。"

一休又说道："世界上一切有形的东西，最后都会破碎消失，是不是？"

足利义满回答："是。"

一休接着说："这种破碎消失，谁也无法阻止是不是？"

足利义满还是回答："是。"

一休和尚听了足利义满的回答，露出一副很无辜的神情接着说："义满大人，您最心爱的龙目茶碗破碎了，我们无法阻止，请您原谅。"足利义满已经连着回答了几个"是"，所以他也知道此事不宜再严加追究了，一休和尚和安国寺僧众便这样安然地渡过了这一难关。

在一休说服将军的这件事中，一休就成功地运用了诱导法。开始的时候，一休并没有直接或间接地提到和龙目茶杯有关的任何事情，而是提了几个循序渐进的问题。而这几个常识性的问题已经使将军习惯了赞同。这时。将军已经沉浸在与聪明的一休进行甜蜜的话语气场互动的气氛里了。根本没有注意到自己已经倒进了陷阱。这时，一休趁机说出了龙目杯的事，将军为了保持自己将军的强势气场只好就这样算了。

如果我们想要说服对方，可以先巧设陷阱，在对方没有防备的情况下，诱其说"是"。让对方多说"是"的好处就是使对方在不知不觉中一步步坠入圈套，这时候你便牵住了他的"牛鼻子"，对方于是不得不就范。

促使对方说"是"的方法很多，最简单的方法就是以双方都同意的事开始谈话，这样就可以让对方多说"是"，少说或不说"不"。

很多人先在内心制造出否定的情况，却又要求对方说"好"、表现出肯定的态度，这样做是不可能让对方点头的。假如你要使对方说

"好"，最好的方法是制造出他可以说"好"的气氛，然后慢慢诱导他，让他相信你的话，他就会像是被催眠般地说出"好"。换句话说，你不要制造出他可以表示否定态度的机会，一定要创造出他会说"好"的肯定气氛。在这里是否能够制造出双方话语气场和谐互动的气氛是重中之重。

我们可以采取下列方法诱使对方点头称"是"。首先，我们要从双方都同意的事情开始谈话，这样就可让对方多说"是"。其次，我们制造出一种可以说"是"的氛围，然后慢慢诱导他。最后，在你向对方发问，而对方还没有回答前，你要先点头称"是"。这样，我们就可以不费什么力气就使对方乖乖进入我们的话语气场之中。

以感同身受激起共鸣

失意者的情绪往往很浮躁，不能平静下来。这时候，他们的气场处在不断震荡的状态中，并一次次滑向谷底。他们随时都可能封闭自己的气场。如果在这种状态下，有个人拿自己类似的经历来说给对方听，为他疏解一下紧张的情绪，帮他释放一些负面的能量，稳定一下气场，就一定能给他很大启发。

一天，小陈不耐烦地坐在办公桌前。最近，公司里连续调整了几次人事，与他一起进公司的几个同事都升职了，而小陈却始终窝在原岗位上动不了。想起来心里真是憋屈。快下班的时候，小陈被乔副总经理叫进了办公室。

中年的副老总一副和蔼而又严肃的表情对小陈说："你最近好像

情绪不太稳定？"小陈忐忑不安地坐在一把椅子上，乔总不仅没有批评他，反而轻轻地叹了一口气，说："小陈啊，你是聪明人。今天找你来，我只想跟你讲一段我过去的经历，希望你听了之后能及时调整自己的心态。"

"10年前，我从汕头大学读完硕士后，通过应聘进了这家公司。当时的老板胡先生非常赏识我。为了报答胡总的知遇之恩，我工作得格外卖力。我相信，只要自己加倍努力，两年内升任为公司的中层管理人员应该是不成问题的。

"两年后，公司的人事部经理到了退休的年龄。大家纷纷猜测新的人事经理人选，都认为我是最佳人选。可是现实是办公室的另一位姓黄的业务员被任命为新的人事经理。得到消息的一刹那，我真有些不敢相信。

"第二天，胡总找我谈话了。他首先充分肯定了我的工作和能力，然后又说，小黄的工作也是很不错的，要我正确对待这次人事变动。可是不久之后的那个升职机会也没有轮到我。从那时起，我在工作中产生了消极情绪。

"结果可想而知，情况越变越糟。不久，我就得知公司打算调我到一个不起眼的连年亏损的经营部去任经理的消息。我很彷徨无助。这时，我的父亲提醒了我。他说：'真正赏识你的领导就和父母一样，只要你真心认错，哪会不给你改过的机会？如果他真的不原谅你，那说明他其实并不在乎你，再辞职也不迟。'

"最后我听从了父亲的劝告，主动找到了胡总。果然就跟父亲预料的一样，胡总不仅原谅了我的任性，还真诚地对我说，年轻人嘛，碰到这种事有想法也是正常的，关键是要学会调整心态，正确对待。其实最近我们已经考虑要提拔你为业务部的经理了，可是偏偏你没能挺住考验，给不少董事留下了不够成熟的印象，所以才考虑让你到闸口经营部去锻炼锻炼。既然你今天把心里话都跟我袒露了，那我看你还是留在我身边吧。"

说到这里，乔总打住了话题，这以后的事情，小陈也知道了。乔总今天找他谈话的良苦用心，更是令小陈感动不已，因为在这之前，自己也几乎要冲动地递出辞呈了。小陈站起身来，真诚地向乔总鞠了一躬，说："谢谢您，乔总，请您放心，我知道今后该怎么做了。"

在这个故事中，现在的小陈和当年的乔总的处境如出一辙。他们都很努力工作，但是都没有得到升职。这让他们心里冒出了个大疙瘩。这个疙瘩还引发了消极情绪。这种消极情绪散发出了许多负面的能量。不仅使他们关闭了与他人气场正常交流的途径，而且还使自己的心情和公司的业务深受影响。

同时，这些负面能量还会引发公司决策层的反感，使他们拒绝与小陈、与当年的乔总进行有效的气场交流。通过乔总的现身说法，小陈明白了自己所处的困境。他又重新找到了奋斗的勇气。

与他人交往时，如果我们能以自己作为一个活生生的例子来对对方进行开导，会让对方觉得你是跟他在同一起点、同一战线上的，这样双方就很容易找到同频信息，双方的气场交流也不会遇到任何阻碍。这样他们就比较易于接受我们的劝说和激励了。

唤起对方的荣誉感

人们总是对自己做过的一些成绩深感自豪。无论什么时候提起，都会一副喜滋滋的样子，哪怕当时心情不好也会在瞬间烟消云散，雨过天晴。当我们讲述让吵架者可引为自豪的一面时，他们心中的荣誉感也会被迅速唤起。

　　一个人曾经拥有的荣耀和嘉奖常常会成为鞭策其严于律己的动力，但是在吵架的过程中，人们由于情绪激动，往往容易忘记平时对自己的要求。因此，调节者应该适时地点明争吵者引以为豪的地方，唤起他的荣誉感，使他认识到作为一个受人尊敬的人，应该克制自己的情绪，用理智来解决问题，这样才无愧于自己的荣誉，于是自觉放弃争吵。

　　当人们听到那些自己引以为傲的往事时，心中就会生出一种维护昔日荣誉的使命感。这种使命感会生发出充满行动力的强大的正面能量，这些正面能量足以抵消方才不愉快时产生的负面能量。这样，原本处于愤怒中的人们就会慢慢平静下来，停止争吵，他们的气场也会逐渐褪去灰色，重新展现出迷人的光彩。

　　在一辆公共汽车上，乘务员关车门时夹住了乘客，但自己还不认账。这时一位名叫小丁的青年打抱不平，对乘务员说："你是干什么吃的！不爱干，回家抱孩子去！"乘务员嘴像刀子，两人吵了起来。

　　这时，站在小丁旁边的一位老人发话了，他拍了拍小丁的肩膀说："小丁，你当机修大王还不够，还想当个吵架大王吗？"小丁说："师傅，我可不认识你呀！"

　　"我认识你，上次我去你们厂，你站在门口的光荣榜上欢迎我，那特大照片可神气呢！"小伙子一下红了脸。

　　老者说："以后可不要再吵架了，这不是解决问题的办法嘛。"

　　一场纠纷就这样平息了。

　　在这个例子里，被唤醒的荣誉感发挥了很大的作用。小伙子由于打抱不平而与人争吵，那位老者及时地提醒他回想起自己曾上过光荣榜，暗示他吵架会损害他的荣耀，这时，小伙子意识到了荣誉感对自己的鞭策作用。他的话语气场散发出来的戾气马上就被荣誉感带来的正面能量给冲散了。于是，小伙子立刻就为自己的冲动感到惭愧，停止了和对方无意义的争吵。车内也很快恢复了平静。

荣誉感就如同一个人的精神标签。它对于人们来说，就和名声一样重要。所以，只要涉及荣誉感的问题，人们就会做出爱惜羽毛的举动。为此，我们在与他人交往时，要注意可以用唤起对方荣誉感的方式来对他人进行鼓励或劝诫。这时，我们需要注意以下两个方面。

首先，在用话语唤起对方的荣誉感这个行为发生之前，我们必须要做好对方材料的收集工作。一切都要以实施为准绳。有确实依据的事件才可以真正引起对方感情上的共鸣。这样，双方的话语交流才能有效地进行。

其次，我们要注意自己的说话方式。每个人都喜欢听赞扬的话，而讨厌听训诫式的箴言。所以，我们在唤起对方的荣誉感时，切记一定不要用嘲笑或暗讽的方式来提醒对方。如果这样做，不但不会起到应有的作用，还会引发对方心中的负面能量，对方的气场就会变得更加恶气熏天。另外，即使我们要行训诫之实，也要注意运用婉转的方式。否则就会出现与使用暗讽方式时一样的现象。

当我们与他人交往时，唤起对方的荣誉感是拉近我们与他们之间距离的最有效的方法之一。这样，对方就会因为我们还记得他们过去的荣誉而心怀感激，会在后面的谈话中逐渐地向我们敞开心扉。如此，双方的谈话就可以在温馨的环境中进行下去。

活用吹捧式幽默感染对方

幽默使生活充满了情趣，哪里有幽默，哪里就有活跃的氛围。在语言沟通中，幽默是心灵与心灵之间快乐的天使，拥有幽默就能找到双方交流的同频信息，就可轻松拉近心的距离，就可以使人们的气场进行和谐友好的交流。其中，吹捧式幽默非常人们受欢迎，因为它既能抬高自己的身价，又能感染听的一方，突破彼此的关系。

下面，让我们一起来看个有趣的故事。

有一个秃顶的人，当别人称他"理发不花钱，洗头不费水"时，他当场变了脸，使原本比较轻松的环境变得紧张起来。一位演讲的教授，也是一个秃头，他在自我介绍时说："一位朋友称我聪明透顶，我含笑地回答：'你小看我了，我早就聪明绝顶了。'"然后他指了指自己的头说，"我今天演讲的题目是外表美是心灵美的反映。"教授就这样开始了自己的演讲，整个会场充满了活跃的气氛。

同样是秃头，同样容易受到别人的揶揄和嘲谑，为什么不同的人得到的却是别人不同的认可，其间的缘故就是没有吹捧式的幽默感。那个变脸的秃顶者没有运用自己的幽默细胞，自己也因为生气而使负面能量充满了自己的气场，这样人们只会对他敬而远之。而秃头的教授用幽默的方式将自己的缺陷一带而过，不仅自己没有受到负面能量的干扰，还与周围的人在祥和的气氛内进行话语气场的交流。

如果我们善用吹捧式幽默，很多时候还可以化解交际中的尴尬。

幽默家兼钢琴家波奇，有一次在美国密歇根州的福林特城演奏，发现听众不到一半，他当然很失望也很难堪，但是他走向舞台时却说："福林特这个城市一定很有钱，我看到你们每个人都买了两三个座位的票。"于是整个大厅里充满了欢笑，波奇也以寥寥数语化解了尴尬的场面。

波奇的话巧妙地为自己和大家都搭好了"台阶"。这个"台阶"就使双方很快找到了进行互动的积极能量。于是，双方就在快乐的基础上开始了气场的互动。

可见，吹捧式幽默不仅反映出一个人随和的个性，还显示了一个人的聪明、智慧以及随机应变的能力。但需要注意的是，吹捧式幽默既不是毫无意义的插科打诨，也不是没有分寸的卖关子、耍嘴皮子。这种幽默要在入情入理之中，引人发笑，给人启迪。

表面上看，吹捧式幽默无非是以幽默的形式进行自夸。但是，其中的技巧并非天生就有，而是需要自己用心培养。那么，具体我没该如来培养自己在这方面的能力呢？主要可以从以下四方面着手。

首先，我们要领会幽默的真正含义。

幽默不是油腔滑调，也非嘲笑或讽刺。正如有位名人所言：浮躁难以幽默，装腔作势难以幽默，钻牛角尖难以幽默，捉襟见肘难以幽默，迟钝笨拙难以幽默，只有从容、平等待人、超脱、游刃有余、聪明透彻，才能幽默。

其次，要不断扩大知识面。

幽默是一种智慧的表现，而有效吹捧是一种恰到好处地抬高，两者有机结合必须建立在丰富的知识基础上。一个人只有具有审时度势的能力、广博的知识，才能做到谈资丰富，妙言成趣，从而做出恰当的比喻和吹捧。因此，要培养吹捧式幽默感，必须广泛涉猎，充实自我，不断从浩如烟海的书籍中收集幽默的浪花，从名人趣事的精华中撷取幽默的宝石。

再次，要不断陶冶自己的情操。

幽默是一种宽容精神的体现，要使自己学会幽默，就要学会宽容大度，克服斤斤计较，同时还要乐观。乐观与幽默是亲密的朋友，生活中如果多一点趣味和轻松，多一点笑容和游戏，多一份乐观与幽默，那么就没有克服不了的困难，也不会出现整天愁眉苦脸、忧心忡忡的痛苦者。

最后，要培养自己敏锐的洞察力。

如果我们想在幽默的同时抬高自己，就必须提高自身观察事物的能力，培养机智、敏捷的能力。只有迅速地捕捉事物的本质，才能发现某些事物或事件与自身特征相匹配的"闪光点"，从而以诙谐的语言做出恰当的比喻，感染听者，使对方产生轻松的感觉。

当然，在幽默中吹捧的同时还应注意，重大的原则总是不能马虎，不同问题要不同对待，在处理问题时要极具灵活性，做到幽默而不俗套，使幽默为人们的精神生活提供真正的养料。而我们也只有活用吹捧式幽默，才能用自己的真诚和机智感染他人，从而开始双方愉快的交谈。

意识唤醒法使人走出悲伤阴影

当我们遭遇悲伤之时，总是很容易沉溺其中不肯走出，仿佛只要身在其中就可以挽回些什么。这时，无论是谁的警世良言我们都听不进去，只是一味地悲伤。当一个人陷入悲伤的阴影的时候，如果自身没有走出悲伤的意识，那么，其他人再怎么努力也无法从根本上将其改变。

过度的悲伤会产生大量的负面能量，这些负面能量会使我们的内心不堪重负而导致自身气场的封闭。由于与他人交流的气场被我们自己主动封闭，所以，只要我们自己不想走出悲伤的圈子，谁也不能解决我们的问题。这时，只有唤醒失意者的自我意识，才能使其从本质上振奋起来。

世事无常，人有时难免陷入失意之中，这是因为他的自我意识没有被唤醒。人的自我意识有很多种，比如年龄意识、性别意识、社会角色意识等。拿年龄意识来说，一般情况下，人到了某个年龄阶段就会出现某种心理特征，但有的人却迟迟不出现。这时，只要你点拨他一下，他就会醒悟，从而发生心理上的飞跃。正确的自我意识一旦被唤醒，人也就会从失意中振作起来。

小姜的一个同学因患黄疸型肝炎被学校劝退休学，整天愁眉苦脸，总认为自己的病没有好转的可能，因而产生了悲观情绪，丧失了信心。小姜放假时，到这位同学住的医院探视他。一见面他就做出一副欣喜状，对这位同学说："哥们儿，你的脸色比以前好多了嘛！听医生说，你的黄疸指数已有所下降，这说明你的病情在好转啊！"

小姜的话客观实在，使朋友的精神为之振作。于是，他乐观地接受治疗，加速了康复进程，不久便病愈出院了。

人在遇到各种变故的时候，总会不由自主地心烦意乱，甚至悲观郁闷。这时，他们的体内郁积了许多消极的能量，这些能量不仅会让自己心绪不佳，更会在与他人交流时总是传递消极的情绪。他们的气场也因此变得暗淡无光。这时，作为一个鼓励的人，你如果想给他们带来好心情的话，就应该抓住某些好的方面，适时予以积极的暗示。这样，他们就会因为接收到一些积极向上的能量而变得日渐开朗，他们的气场也从而焕发了光彩。这都是他们的自我意识被唤起的缘故。

读大四的小孙恋爱三年了，不久前女朋友不知何故跟他吹了。他很伤心，整天精神恍惚。他的班主任王师知道此事后，特地赶来做他的工作。王老师一见面就说："我知道你失恋了，是来向你道贺的！"

小孙很生气，转身就走。

"难道你不问问为什么吗？"小孙停下来，等着听王老师的下文。

王老师说："大学生都希望自己快点成熟起来，失败能使人的心理、思想进一步成熟起来，这不值得道贺吗？大学生的恋爱大多属于非婚姻型，一是大学生在学习期间不大可能结婚，二是很难预料大家将来能否在一个地方工作。这种恋爱的时间又不长，随着知识的积累，人慢慢成熟了，就有可能重新考虑对方，恋爱变局也就悄悄发生了。应该说，这是大学生心理成熟的一种重要标志，你这么放任自己的感情，是心理成熟还是不成熟的表现呢？另外，越到高年级，大学生越倾向于用理智处理爱情。这时，感情是否相投，性格是否和谐，理想和追求是否一致，学习和工作是否互助互补，都会成为择偶的标准，甚至双方家庭有时也会成为重点考虑的条件，这就是择偶标准的多元化。这种标准多元化更是大学生心理逐渐成熟的表现，也符合普遍规律。你女朋友和你分手是不是出于择偶条件的全面考虑？你全面考虑过你的女朋友吗？如何处理你目前的感情失落，你该心中有数了吧？"

在这个故事里，王老师先设置悬念——"祝贺你失恋"，把小孙从感情的泥沼中"唤"了出来，然后通过合情合理的分析，唤醒他的理智，多次用"大学生失恋不是坏事，而是心理成熟的标志"的观点来加以点拨。这样小孙就会随着王老师的指导而逐渐理清自己的思绪，并把负面能量驱逐出自己的气场。王老师就是通过一步步唤醒小孙的自我意识，使他认为该用理智来处理感情问题，从而约束自己的感情，恢复心理平衡。

　　失意者心中往往憋着一股劲儿，整个人都陷入低落的气场中。所以，与他们交往时，就要注意帮助他们摆脱这种心理状态。而唤醒他们的自我意识是帮助他们摆脱失意心理的最佳方法。我们可以这样鼓励他们：挫折和困境是你伟大的财富，经历了这些你会变得更加成熟。这样，他们的自我意识就会被逐步唤醒。他们就会在我们的鼓励下走出低谷，走向成功。

通过话题导航成为交流的舵手

　　阿尔弗雷德年事已高，公司根据有关规定，决定劝说他离休。可这位老人不太愿意，他对来劝说他的布朗大发牢骚："我是年纪大了点，但我有丰富的经验，还有不输给那些小子们的热情。辛苦了几十年，就这么退下去，我想不通！"布朗接过他的话说："不错，我们这些人，过去的确为公司付出了许多，吃过不少苦，但我们还有一个责任，就是培养自己的接班人。恕我直言吧，在我们领导下的一些人，如果至今还没有人能胜任我们的工作，那就说明，我们是不称职的；如果有人能胜任我们的工作，而且比我们做得更好，那我们还有什么必要去争这份热情呢？"

　　听完布朗的话，阿尔弗雷德无言以对，接受了退休的安排。

　　当我们同他人在沟通中出现分歧时，硬碰硬始终是最不可取的方式。在人们的思想中总是徘徊着这样一种想法，那就是一旦我们与对方在某一件事上存在分歧，那么双方之间就是对立的关系。如果想要双方达成一致，只有靠更有说服力的道理和更强的气势来压制对方。但是如果你真的对上司或客户采取这种强硬的方式，那么后果也就不难设想了。

在这种情况下，最聪明的做法就是转移焦点，改变话题，以获得谈话的主动权。而在改变话题之前，你应该先迎合一下对方的气场——就像布朗说服阿尔弗雷德时所用的方法一样。当谈话刚一开始的时候，双方就在阿尔弗雷德退休的问题上就发生了矛盾，这矛盾看起来似乎还不可调和。这时，布朗就出招了。阿尔弗雷德认为自己还能继续胜任工作，布朗首先就认可这一点。不过，随后布朗的话锋一转，就提出了一个称职的领导者必须承担的责任。而对阿尔弗雷德来说，要承担这个责任，就应该选择退休。这样，布朗把阿尔弗雷德和继任者之间的对立转化成他自己的矛盾，并最终让后者心服口服。

这其实是一种明显的话题转变，但如果布朗一开始就说："你没能培养出有能力的下属，还好意思说自己称职并赖在这个位子上不走？"——恐怕阿尔弗雷德不仅无法接受，还会被气得暴跳如雷。

可见，迎合对方的气场，就可以能逐渐将对方的注意力逐渐从双方的分歧点上引开，从而提高双方达成共识的几率。其实迎合气场还可以通过让别人畅所欲言，为你提供插话的最佳时机。当你去迎合对方的气场时，你的气场就会传递出这样的信息："是的，你说的都很好，我很感兴趣，请接着往下说吧。"每个人都有交流和倾诉的欲望，当你表现得像一个在积极倾听的人，就会激发对方的倾诉欲。这期间你再顺势插话，就能在不知不觉中掌握对话的方向。

另外，插话时机要注意根据实际情况来定，但是在任何一种情况下，插话都应该在对方改变了说话的状态和内容的时候进行，而不应在对方讲得意兴正浓的时候打扰。当说话的状态和内容改变时，对方的话语气场就会稍稍变弱，就像汽车过弯道时正在减速，而你也就正好在此时把握时机打方向盘；如果对方正在兴头上，气场正强，你却来干扰，对方的气场就会明显感到压抑，你也就别想把下面的话说完了。

除了插话的时机外，我们还要注意插话在内容上要尽量体现出中立而不是对立。所谓的迎合，就是避开分歧甚至不要产生分歧——即使一定会产生分歧，你也不要刻意说出来强调它。另外，我们不要使用评论性的语言进行插话。即使是你认为自己的评论也是在迎合对方的时候也不可以。不过，每个人对问题的理解并不相同，所以也许你的"迎合"可能在对方听起来并不是那么合拍。因此，在获得话题主动权之前，你应该将插话时保持中立作为一条重要规则。

以迎合对方气场来回避双方的矛盾点，并适时改变话题，使交流向有利于自己的方向发展从而最终说服对方——这是一种复杂而又简单的沟通术。说它复杂，是因为它没有固定的标准办法，必须在面对不同问题和不同人进行沟通时随机应变；说它简单，是因为人的话语气场都存在一些共性，当你逐渐认识到这些共性，你将发现与他人进行话语交流是如此轻而易举。